네 편이 되어 줄게

할아버지가
엄마에게는 해 주지
못했던 말

한기호 지음

창비

편지를 시작하며

손자 한이는 2019년 7월 19일에 태어났다. 작은딸이 낳은 외손자다. 병실에서 3.34킬로그램의 갓난아이를 사위의 도움을 받아 안아 보았다. 예뻤다. 너무 예뻤다. 내 또래 사람들이 손주 이야기를 하며 얼굴 가득 기쁜 표정을 짓는 모습이 늘 부러웠는데 나도 할아버지가 되니 그들과 같은 표정을 하고 있었다. 정말 기뻤다.

나는 그때 내가 기획한 박경희 작가의 『손주는 아무나 보나』의 출간을 앞두고 있었다. 박 작가는 손자를 처음 안아 본 순간, '손자가 세상의 모든 것의 모든 것이며, 내 삶의 뿌리이자 근원이며, 존재 그 자체'였고, '지금까지 힘겹게 버텨 온 삶의 이유가 손자를 만나기 위한 전초전이었다는 생각'이 들었다고 했다. 손자의 얼굴을 바라보니 그 말이 실감으로 다가왔다. 손자가 태어난 것을 계기로 내 인생에 어떤 전기가 마련될 것 같은 기분에 온몸이 짜릿짜릿해지기까지 했다.

한이가 태어난 것은 내가 환갑을 넘긴 다음 해다. 사범 대학 동기들이 막 정년을 맞이하기 시작하던 무렵이었다. 솔직히 그 당시에는 빨리 도망가고 싶었다. 그래서 스스로 정년을 정해 놓고 출판사를 직원들에게 물려주겠다고 선언했다. 직장 생활과 출판사 경영 시절을 거쳐 3기의 삶을 꿈꾸고 있었다. 책이 30만 권쯤 갖춰진 도서관을 세워 본격적인 독서 운동을 펼쳐 볼 생각이었다.

출판 인생을 정리하려던 무렵에 손자를 품에 안고 보니 인생의 후반전이 막 시작될 것 같은 예감이 들었다. 손자가 자라서 대학에 입학할 때 등록금을 내 줘야지 하는 생각은 곧 손자의 결혼식에도 참석하고 싶다는 생각으로 이어졌다. '이놈이 서른 살이 될 때까지 내가 살 수 있을까? 그때까지 뒤에서라도 돌봐 주어야 할 텐데…….' 속으로 되뇌기도 했다. 삶의 새로운 의욕이 샘솟았다. 지금까지 충분히 열심히 일했기에 품었던 '지금 죽어도 여한이 없다'는 어설픈 자만은 사라지고 신발 끈을 다시 동여매고 손자가 편하게 살 수 있는 세상을 만들어야 한다는 새로운 사명감으로 불타오르기 시작했다. 어떤 확실한 결심이 필요했다.

미래학자 레이 커즈와일은 2045년에 '특이점'이 온다고 했다. 특이점이란 기술이 인간을 초월하는 순간을 말하는데, 2045년이면 한이가 스물일곱의 청년이 되어 한창 일을 할 때다. 그때쯤 한이는 휴머노이드 로봇과 경쟁하며 살아갈 것이다. 로봇을 비서로 부리며 살지도 모르겠다. 한이가 자라는 동안 인공 지능은 사회 전반에서 인간의 일자리를 대신할 것이고, 기술이 발달하면서 인간이 일자리를 잃는 '테크놀로지 실업'도 점점 늘어날 것이다. 한이가 청년이 되었을 때에는 많은 사람이 단순노동으로 겨우 목숨을 부지할지 모른다. 그리고 더 많은 사람이 일자리를 잃고 국가에서 지급하는 '기본 소득'으로 살아가야만 할지도 모른다.

한이가 살아갈 일이 걱정되었다. 한이 혼자서만 잘 살기를 바랄 수만도 없다. 동세대의 아이들이 서로 협력해서 잘 살아가야 하고, 부모들도 아이들과 함께 험난한 세상을 헤쳐 나가야만 한다. 그런 이야기를 해 주고 싶었다. 100세 시대라니 그때까지 살아남아서 열심히 도와줄 수 있으면 좋겠지만 사람의 앞일은 모르는 법이다. 그래서 손자가 태어난 지 65일째인 날부터 블로그에 '갓 태어난 손자에게'라는 제목으로 손자에게 당부하는 말을 담은 편지를 쓰기 시작했다. 손자가 자라서 이 글을 읽을 수 있을 때에야 나의 간절한 마음이 전해지겠지만 손자에게 편지를 쓰면서 내 마음부터 가다듬어 갔다. 편지는 200자 원고지로 대략 2,000매가 되었다. 그만큼 손자에게 해 주고 싶은 말이 많았다. 이 책은 그 편지를 간략하게 정리한 것이다. 사족이 많았던 글은 대폭 덜어 내고 보니 분량이 3분의 1로 줄어들었다.

2020년 5월 7일에는 큰딸이 딸을 낳았다. 손자에 이어 손녀를 보자 지인들은 나를 무척 부러워했다. 결혼 따위는 하지 않을 것 같던 두 딸이 연이어 손주를 안겨 주니 행복했다. 하지만 손녀에게는 따로 편지를 쓰지 않았다. 손녀가 사랑스럽지 않아서가 아니라 동어 반복이 될 것 같아서였다. 큰딸 부부와 손녀 시우에게는 평생 미안함으로 남을 것 같다.

그러다 이 책을 마무리 지을 즈음에 큰 사고를 당했다. 버스에서 내리다가 발을 헛딛는 바람에 그만 앞으로 고꾸라지고 말았다. 눈 위가 찢어지고 안와골절이 되어 수술까지 했다. 실명을 할 수도, 자칫 목숨을 잃을 수도 있었던 큰 사고였다. 수술을 받기 위해 난생처음 병원 신세를 지다 보니 만감이 교차했다. 2016년 강릉 경포대에서 너울성 파도에 휩쓸려 죽을 뻔했던 사고에 버금가는 일생 최대의 위기였다. 그때도 그랬지만 사고가 난 것 자체보다 사고 이후가 중요했다. 그대로 죽었으면 편안했을지도 모른다. 지난 40년 동안 출판 현장에서 정말 열심히 살았기에 여한은 없었다. 세상의 모든 짐을 훌훌 털고 저세상으로 간다는 것이 조금도 두렵지 않았다. 그러나 누구보다 손주들에게 미안했다. 인생을 이대로 끝낼 수는 없는 일이다. 적어도 손주들이 청년이 될 때까지 건강하게 살아남아 많은 추억을 쌓아야겠다는 각오를 다졌다.

사고 이후 술은 한 방울도 마시지 않았다. 커피도 마시지 말라는 의사의 말에 찻집에서도 과일주스만 마셨다. 그러다 보니 점차 건강에 자신이 생겼다. 전에는 만성 피로 같은 것을 느꼈는데, 나이가 들면 당연히 그런 것인 줄로만 알았다. 그런데 이제는 몸이 점점 개운해지는 것을 느낀다. 수술을 받기 전에 여러 검사를 거쳤는데 그 검사에서도 몸에 전혀 이상이 없다는 것을 확인했다. 관리만 잘하면 청년의 몸으로 돌아갈 수도 있다는 자신감이 넘쳤다. 이 책을 계기로 새로운 인생을 시작해야겠다는 결심을 했다. 곧 실제적인 내 인생의 3기가 시작된다. 손주들과 함께 후회 없는 삶을 꾸려 갈 생각이다.

출판 평론가인 나는 늘 책으로 세상을 읽었다. 어떤 이는 내가 한이에게 쓴 편지를 읽고는 갓 태어난 아이에게 '책 폭탄을 투하'한다고 비판했다. 미래에도 인간이 세상을 살아가는 데 도움이 되는 지혜를 담은 책은 꾸준히 출간될 것이다. 지식이야 검색만 하면 무엇이든 얻을 수 있다. 고성장 시대에는 남보다 빨리 지식을 챙기면 앞서 나갈 수 있었다. 그러나 앞으로는 책에 담긴 지혜를 찾아내지 못하면 도태될 수밖에 없다. 책을 읽고 지혜를 얻기만 하면 어떤 세상에서도 살아남을 수 있을 것이다. 나는 편지에서 그런 지혜를 꼭 전해 주고 싶었다. 가족과 함께 이 책을 읽으면서 미래를 살아갈 지혜를 얻게 되기를 바란다.

내 삶은 많이 부족하다. 다시 태어나면 정말 잘 살 것 같다. 그러나 그런 기회는 없을 것이다. 내 삶에서 부족했던 부분은 손주들이 채워 주리라 믿는다. '3대 문장'이라는 말이 있지 않은가. 할아버지 무릎에서 책을 보며 자란 아이들이 대문장가가 된다고 한다. 나는 아이들이 문장가가 되기를 바라지는 않는다. 그저 사랑과 기쁨으로 충만한 삶을 살아가기를 기대할 뿐이다. 그런 마음으로 이 아이들이 초등학교에 다닐 무렵과 대학생이 될 무렵에 반드시 다시 편지를 쓸 것을 약속한다.

부족한 글을 책으로 펴내기로 결정해 준 창비교육의 김종곤 상무와 모든 편집자에게 고마움을 전한다. 특히 책임 편집을 맡아 준 서대영 편집자에게 감사의 말을 드린다. 나는 창비에서 출판을 배웠다. 고향으로 돌아온 것 같아 무척 기쁘다.

2021년 7월

한기호

이 책을 보는 당신께 보내는 편지

"내가 어떻게 살아왔는지 알기는 하냐……?"

네온사인 불빛이 하늘을 찌르던 밤 느닷없이 걸려 온 아빠의 전화였습니다. 전화기 너머 술 냄새 가득 밴 목소리로 '우리 딸'을 찾았지만 '또 술'이냐는 퉁명스러운 대꾸에 한숨 끝에 내뱉은 아빠의 혼잣말이었습니다. 그날만큼은 아빠에게 저의 작은 위로가 필요했던 밤이었는지도 모릅니다. 아빠의 지난했던 삶을 여느 아버지들이 겪은 고생담 정도로만 여겼던 건 아닌지 부끄러웠습니다. 저는 시간 단위로 인생을 살며 계절을 지나가고 있습니다. 아빠는 이미 숱한 시절을 보내고 시대를 관통하고 있다는 느낌이 들었습니다.

어릴 적 아빠는 인기 가요를 보고 싶은 제 마음은 외면하고 바둑이나 야구만 틀던 '리모컨을 쥔 독재자'였습니다. 한창 외모 가꾸기에 빠져 있던 청소년기에는 옷 좀 사 달라는 작은 농성은 무시한 채 내면을 가꾸라고 말하는 '꼰대 아빠'였습니다. 대학 졸업을 앞두고 막막한 제게 '바로 취업하지 말고 1년 동안 꿈을 설계하는 시간을 가지라'고 조언하던 시대에 어울리지 않는 분이었습니다. 아빠는 늘 제가 듣고 싶은 대답을 해 주지 않았습니다. 끊임없이 투쟁 중인 투사였고, 워커홀릭이었고, 따뜻한 말 한마디에 인색한 무뚝뚝한 분이었습니다.

그러다 제가 한이를 낳고 나서는 지난 세월에 배신감이 들 정도로 다른 분이 되었습니다. 한이를 낳은 다음 날 걸려 온 전화 속 아빠의 목소리는 어느 때보다 밝고 희망에 차 있었습니다. 백팩에 생수 한 병을 넣고 한강에 가는 길이라고, 한이가 대학에 갈 때까지, 아니 그보다 더 오래 곁에 있을 수 있도록 건강 관리를 할 거라고요. 그렇게 제가 운동하라고 잔소리를 할 때는 꿈쩍도 않더니 말입니다. 한이가 막 첫걸음마를 뗄 땐 저도 미처 생각 못 한 무릎 보호대를 어서 해 주라고 하시기도 했습니다. 크리스마스 선물을 사 달라는 제 요구에 '네 생일도 아닌데' 하시던 분이 먼저 한이에게 선물을 챙겨 주는 할아버지가 되었습니다. 평생 서툴던 아빠가 초보 할아버지가 되었을 뿐인데 할아버지 역할만큼은 능숙하기만 했습니다.

아빠가 할아버지가 된 것처럼 저도 누군가의 딸에서 한 아이의 엄마가 되었습니다. 엄마가 되고 부모의 심정을 서서히 알게 되자 아빠의 말이 들리기 시작했습니다. 지난날 아빠가 제게 해 주던 말은 그렇게 듣기 어렵더니 한이 할아버지의 이야기는 달리 들렸습니다. 어릴 적 저는 제가 미약한 존재인 줄 몰랐고 제법 세상을 잘 안다고 자부했습니다. 그러다 아이를 낳아 품에 안고 보니 온 몸이 떨렸습니다. 앞으로 이 아이가 혼자 세상을 살아가야 한다니 온통 걱정뿐이었고, 앞으로의 미래는커녕 한 치 앞도 명확하지 않아 두려웠습니다.

아빠가 늘 제 귀에 못이 박히게 말씀하신 편집력이나 이타심 같은 능력을 갖게 된다면 우리의 미래는 더 밝아질까요? 물론 도움은 될 겁니다. 하지만 시대가 원하는 인재상은 수시로 바뀌고 어제의 유용했던 자격증은 내일 쓸모없어질지도 모릅니다. 지금 당장 시대가 원하는 사람이 된다는 건 언제든 대체될 수 있는 부품이 되는 것과 같습니다. 시대가 요구하는 능력을 갖추기 위해 노력하기보다는 모두가 함

께 건강하고 밝은 세상을 만들어 간다면 아마 조금 더 희망
적이지 않을까요?

이 책을 통해 저희 부부는 명쾌한 답을 얻음과 동시에 의
미 있는 많은 과제들을 안게 되었습니다. 저희 부부에게 그
러했듯, 이 책이 당신에게 따뜻한 손길을 내밀어 주는 든든
한 당신의 편이 되길 바랍니다.

한이 엄마 올림

2부 너의 나무가 되어

3부 네 손을 꼭 쥔 채로

1부

첫눈처럼 온 너에게

혼자서도
일어설 수 있는 무기

한아, 요즘 네 엄마 아빠는 날마다 네 사진을 할아버지에게 보내 준단다. 사진 속 너는 어찌나 사랑스러운지, 시간 가는 줄 모르고 보고 있어. 그런데 한 사진에서 네 자세가 이상해서 물어보았더니 네가 인생의 첫 과제인 '터미 타임'을 수행하는 중이라더구나. 목과 어깨 등 상체의 힘을 키우고, 구르고 앉고 기어 다니는 데 필요한 근육을 발달시키는 훈련이라는데 할아버지는 처음 듣는 말이었다. 매일 10초씩 하다가 이젠 시간을 늘려 30초 정도 연습한다는 말에 어찌나 대견하던지. 이런 연습의 시간이 쌓이다 보면 스스로 구르고 앉고 기어 다니다가 머지않아 혼자 일어서서 걷게 되겠지. 그때까지는 엄마 아빠가 항상 네 옆에서 도와줄 거야. 하지만 엄마 아빠의 도움이 언제까지나 계속될 수는 없단다.

네가 성장할 수 있도록 도와주는 것은 엄마 아빠만이 아니야. 유아원이나 유치원의 선생님들과 친구들, 그리고 살아가면서 만날 많은 사람들이 너를 도와줄 거야. 할아버지도 어려서부터 많은 도움을 받았단다. 중학교 때는 극빈자 장학금을 받았고, 고등학교 때는 가정 교사를 하며 학비를 벌었지. 공부를 해야 할 시간도 모자라는 판에 초등학생 두 명을 가르쳤는데 돌이켜 보니 무엇을 가르쳤는지 모르겠다. 그저 가난한 고학생을 도와주려 한 게 아닌가 싶다.

할아버지는 인생에서 큰 스승 세 분을 만났단다. 고등학생 때 도서반을 담당하셨던 이혜화 선생님은 책의 소중한 가치를 일깨워 주셨어. 좋은 대학에 가는 것보다 책을 읽고 글을 쓰는 일이 얼마나 중요한지를 가르쳐 주셨지. 출판사 창작과비평에 다닐 때 만난 백낙청 선생님은 늘 스스로 판단할 수 있도록 배려해 주셨단다. 실수를 하더라도 이유가 정당하거나 발전을 위한 것이라면 눈감아 주시곤 했지. 할아버지가 출판 평론가로 일할 때 만난 정병규 선생님은 책에 대한 사유의 실마리를 많이 던져 주셨다. 선생님이 던져 주신 화두를 곰곰이 생각해 보면서 책을 보는 안목을 기를 수 있었지. 세 선생님이 할아버지가 딴생각에 빠지지 않도록 언제나 죽비를 내려치셨다는 것을 나중에야 깨달았단다.

물론 세 분 말고도 더 많은 스승이 있는데, 어쩌면 인생의 길목에서 만난 모든 사람이 스승이었는지도 모르겠다. 출판사 영업을 할 때 만난 서점의 사장님들에게서는 인생이 무엇이고 장사의 본질이 무엇인지를 깨쳤고, 고락을 같이했던 친구들도 내게는 스승과 다름없었다. 때로는 나이 어린 사람들에게서도 많은 것을 배웠으니 그들도 스승이라 여길 만하다. 『논어』에 '삼인행 필유아사(三人行必有我師)'라는 말이 있다. 세 사람이 길을 가면 그 가운데 반드시 스승이 될 만한 사람이 있다는 말이지. 한이도 살아가면서 만나는 모든 사람에게 늘 배우려는 자세를 가졌으면 좋겠다.

할아버지가 힘든 시대를 산 것처럼 보일지 모르겠지만 한편으로는 참 좋은 세상이기도 했다. 고성장 시대여서 누구든 노력하기만 하면 성과를 얻을 수 있었고, 친구들과 어울리면서 언제든 조언을 주고받기도 했단다. 서로 도와가면서 살아가는 세상이었지.

하지만 네가 살아갈 세상은 할아버지가 살았던 세상과는 다르단다. '세계화의 전도사'라고 불리는 토머스 프리드먼은 『세계는 평평하다』에서 국경과 민족의 경계를 뛰어넘는 지구촌 경제 체제, 즉 누구에게나 동일한 기회와 자유가 주어지는 세계화를 거스를 수 없다고 했어. 이 책이 가장 강조한 것은 '아웃소싱'이란다. 아웃소싱이란 기업이 업무의 일부를 외부에 맡겨 처리하는 것을 말하는데, 이를테면 미국의 기업이 회계 업무를 인도의 젊은이에게 맡기는 것이지. 그러면 비용이 적게 든단다. 한 신문은 이 책을 소개하면서 '인도의 가난한 소년이 하버드 여대생의 일자리를 빼앗는다'고 했는데, 이런 세상에서는 누가 누구를 봐줄 형편이 아니란다. 그러니 서로 경쟁하면서 저마다 살아남으려고 발버둥 치는 세상이 되고 만 것이지.

기술이 날로 발달하면서 이제는 아웃소싱 수준이 아니라 점점 인간이 필요 없는 세상이 되어 가고 있다. 그래서 요즘의 젊은 세대는 깊은 절망에 빠져 있단다. 연애, 결혼, 출산을 포기한다고 해서 '3포 세대'로 불리다가 이제는 포기한 게 너무 많아 셀 수조차 없는 'N포 세대'가 되었단다.

청소년들 역시 힘든 세상을 살아가기는 마찬가지다. 청소년들이 읽는 소설을 보면 알 수 있지. 최근에 '영 어덜트(Young Adult)'소설이 많은 인기를 얻고 있는데, 주인공은 대개 열여섯 아니면 열일곱 살이다. 소설 속 주인공들은 삶 아니면 죽음이라는 가혹한 선택을 해야 하는 운명에 놓여 있는데, 청소년뿐만 아니라 어른들도 이런 소설을 읽으며 미래 세상에서 아이들이 살아갈 지혜를 얻는단다.

존 그린의 『잘못은 우리 별에 있어』의 주인공 열여섯 살 헤이즐은 갑상선암이 폐까지 전이되는 바람에 늘 신약의 도움으로 암세포의 성장을 억제해야 하고 호흡을 위해 산소 탱크를 끼고 살아야만 해. 그러던 중 암 환자들의 모임인 '서포트 그룹'에서 골육종으로 다리 한쪽을 잃은, 매력적인 어거스터스를 만나 아름답고 순수한 사랑 여행을 떠나지. 희망조차 품을 수 없을 것 같은 잔인한 운명 속에서도 사랑이 싹트는 이 소설은 '안녕, 헤이즐'이란 제목의 영화로도 만들어졌단다.

게일 포먼의 『네가 있어 준다면』의 주인공 열일곱 살 첼리스트 미아는 교통사고로 가족을 잃고 홀로 살아남고, 베로니카 로스의 『다이버전트』의 주인공 열여섯 살 비어트리스는 디스토피아적인 미래 세계에서 자유를 찾고자 생존 투쟁을 벌인단다.

손원평의 『아몬드』는 요즘 학교에서 가장 많이 읽는 소설인데, 소설의 주인공 윤재는 아몬드를 닮은 편도체의 이상으로 '감정 표현 불능증'이라는 치명적인 질환을 앓고 있어. 그래서 생일날인 크리스마스이브에 외식을 하러 나갔다가 '묻지 마 살인'으로 할머니가 죽고 엄마가 식물인간이 되어도 어떤 공포도 느끼지 못한단다.

소설 앞부분을 보면 윤재의 엄마가 '희(喜)·로(怒)·애(哀)·락(樂)·애(愛)·오(惡)·욕(欲)' 일곱 개 한자를 부적처럼 집안 곳곳에 붙여 놓고는 '희로애락애오욕 게임'을 벌이는 장면이 있어. 엄마가 상황을 제시하면 윤재는 그에 해당하는 감정을 맞혀야 해. 누군가가 맛있는 음식을 준다면 느껴야할 감정은 기쁨과 감사고 누군가가 나를 아프게 했을 때 느껴야 할 감정은 분노, 이런 식이지. 그러나 아무리 정답을 맞히는 훈련을 해도 윤재의 병을 치유할 수는 없었단다. 경험해 보지 않은 세상을 만났을 때 질문에 대한 정답을 맞히는 방식으로 훈련을 한 사람은 어떤 것도 해결할 수 없기 마련이지.

그러면 윤재는 어떻게 치유했을까? 어릴 적 엄마를 잃고 여기저기 입양 다니며 불행한 삶을 살다가 소년원까지 들어갔다 온 친구 곤이를 만나면서 윤재는 변화하게 돼. 한껏 삐뚤어진 삶을 살아온 '괴물' 곤이를 모두가 무서워하지만 두려움을 느끼지 못하는 윤재는 스스럼없이 다가가 곤이의 삶을 이해할 수는 없어도 상상해 보려고 노력하지. 그리고 아무도 궁금해하지 않았지만, 사랑의 감정을 느끼게 해 준 또 다른 '괴물' 도라가 왜 달리고 싶어 하는지를 묻는 유일한 사람이 된단다.

　할아버지는 많은 스승에게서 인생의 큰 교훈을 얻었지만 네가 살아갈 시대에도 그런 스승을 만날 수 있을는지 모르겠다. 만약 납득하기 힘든 상황이나 어려움이 닥치면 왜 이런 일이 벌어졌는지 상상해 보기 바란다. 혼자서 해결할 수 없으면 '곤이'나 '도라' 같은 친구에게 다가가 이야기를 나눠 보는 것도 좋겠지. 온갖 고난을 겪으면서 힘겹게 살아남은 이들은 스스로 해결하는 능력을 갖추고 있을 확률이 높단다. 그런 친구들을 만날 수 없다면 삶과 죽음의 갈림길에서 가혹한 선택을 해야 하는 이들의 이야기가 담긴 소설을 읽어 보렴. 어떤 상황에서도 질문을 통해 해결점을 찾는 힘이야말로 네가 혼자서도 일어설 수 있는 유일한 무기란다. 열일곱이 될 때까지는 이 무기를 꼭 갖추기 바란다. 할아버지도 그때까지 살아남아서 무기를 갖춘 당당한 네 모습을 보고 싶구나.

인공 지능
시대의 삶

  할아버지는 잘 모르겠던데, 엄마 아빠는 울음소리만 들어도 네 마음을 알아차린다더구나. 네 울음소리는 크게 두 가지로 나뉘는데, 배가 고플 땐 천둥 번개 치는 소리처럼 울고, 졸릴 땐 낙뢰처럼 날카로운 소리를 낸다지. 이렇게 네가 울음소리로 의사소통을 하고 싶어 하는 것을 처음에는 잘 알아듣지 못해 '초보' 엄마 아빠는 매 순간 어쩔 줄 몰라 당황했단다.

  그래서 너를 알아 가고 너와 대화하기 위해 일상을 꼼꼼

하게 기록하기 시작했다고 해. 수유 시간, 배변, 잠들고 깬 시간, 목욕 시간, 그리고 체온까지. 기록이 하루 이틀 쌓여 가자 너의 하루에는 일정한 패턴이 있다는 걸 알게 되었고, 그제야 너를 덜 울리게 되었다지. 그리고 엄마 아빠도 너에게 꾸준히 엄마 아빠만의 신호를 보내기 시작했단다.

목욕물에 들어가기 전엔 '첨벙첨벙'을 반복해 목욕 시간이라는 걸 알려 주고, 배가 고파 울 땐 '냠냠' 소리를 내며 곧 수유를 할 것이라는 신호를 보냈단다. 같은 상황에 같은 소리가 반복되자 너는 실컷 울다가도 엄마 아빠가 내는 소리를 들으면 눈물을 뚝 그치고 엄마 아빠를 기다려 주었다는구나. 참 기특하기도 하지. 한이와 엄마 아빠는 이렇게 마음의 대화를 늘려 가면서 서로를 깊이 이해하게 되었을 거야.

원래 본능에 충실한 아기들은 배가 고프거나 졸릴 때 많이 운다고 하는구나. 인간에게 먹고 자는 것은 매우 중요한 일이지. 그걸 참는다면 살아갈 수 없단다. 그러니 먹고 싶거나 자고 싶을 때에는 마음껏 울렴. 엄마 아빠가 알아서 너의 마음을 헤아려 줄 테니 말이다. 하지만 할아버지는 네가 자라서는 배가 고프거나 잠을 못 자서 우는 일이 절대 없기를 바란다.

엄마 아빠는 네가 우는 이유를 알려고 매일 기록을 해서 그 패턴을 찾아냈지만 이미 아기가 왜 우는지를 알려 주는 인공 지능 기술이 개발되었단다. 우리나라의 한 스타트업 업체는 2년 넘게 수만 가지의 아기 울음소리를 딥러닝 기반의 인공 지능 기술로 분석해서 아기 울음소리를 패턴에 따라 배고픔, 졸림, 불편함 등 여섯 가지 상황으로 구별했단다. 엄마 아빠가 그런 기술을 활용할 수 있었다면 너를 많이 울리지 않고도 네 마음을 척척 알아냈겠지.

네가 나중에 결혼할 때쯤이면 휴머노이드 로봇이 일상화될 거야. 밥을 해 주고 빨래도 청소도 해 주는 로봇을 구입할 수 있겠지. 지금은 엄마 아빠가 너에게 그림책을 읽어 주지만 그런 일도 로봇이 해 줄 수 있단다.

2015년 영국에서 방영된 드라마 「휴먼스(Humans)」가 그런 세상을 보여 주었지. 로봇 애니타가 엄마의 자리를 대신하는 이야기란다. 드라마의 한 장면에서 엄마가 딸에게 동화책을 읽어 주려고 하는데 딸은 로봇 애니타가 읽어 주는 걸 더 좋아한단다. 자신이 설 자리가 없다고 느낀 엄마에게 애니타는 자신이 아이를 더 잘 볼 수 있다는 것은 명백한 사실이라며 자신의 장점을 이야기하지. 자신은 엄마보다 더 빠르고, 강하고, 관찰력이 뛰어날 뿐만 아니라 기억력도 좋고, 화도 내지 않으며, 우울해하지도 두려워하지도 않는다고. 그럼에도 애니타는 자신이 아이들을 사랑할 수는 없다고 고백한단다. 네가 자라 부모가 되었을 때에는 인공 지능이 사랑을 할 수도 있을까? 이 드라마는 로봇이 인간보다 일처리가 더 뛰어날 수는 있지만 사랑이나 희생 같은 인간다움은 가질 수 없다는 것을 말하려고 한 게 아닐까?

뇌과학자 김대식은 『김대식의 인간 vs 기계』에서 애니타와 같은 '약한 인공 지능'이 일반화되는 세상이 20년 이내에 올 것이라고 예측했단다. 그런 세상이 매우 편리할 것 같지만 할아버지는 왠지 끔찍하다는 생각이 든다. 그러나 우리가 원하든 원하지 않든 그런 세상이 반드시 오게 될 것이란다. 이미 지금 무인 자동차가 등장하고 집 안에서 말만으로 불을 켜거나 보일러를 켜는 시대가 되었단다. 스마트폰으로 음악을 탐색하고, 날씨를 묻고, 카카오톡을 보내고, 택시를 부르기도 하지. 우리의 일상생활에는 이미 인공 지능 기술이 깊숙이 침투해 있단다.

엄마 아빠가 너의 행동을 기록하는 걸 일종의 '빅 데이터'라고 할 수 있겠구나. 빅 데이터란 디지털 환경에서 방대하게 생성되는 데이터를 일컫는 말이지. 우리가 행동할 때마다 빅 데이터는 저절로 쌓이고 있단다. 그것만 있으면 '텔레메트리' 기술을 활용하여 즉각 어떤 문제에 대한 해답을 찾을 수 있지. 텔레메트리는 한 장소에서 수치를 측정한 다음 이를 기록하거나 표시하기 위해서 멀리 떨어진 지점으로 전달하는 과정이나 업무로, 수치를 측정하는 장치가 전달 업무도 실시하는 경우를 말한단다.

2014년에 상영된 영화 「그녀(Her)」는 텔레메트리 기술로 데이터를 실시간으로 수집하고 전달하는 모습을 보여 주지. 주인공 테오도르는 다른 사람의 손 편지를 대신 써 주는 대필 작가인데, 고객의 마음을 꿰뚫는 재주를 가졌지만 정작 자신의 감정을 표현하는 데에는 서툴렀단다. 이혼을 고민하던 그는 새로운 운영 체제를 다운로드하고, 성냥갑 크기의 휴대 전화 속 인공 지능에게 이름을 묻는데, 인공 지능은 '아기 이름 짓기'라는 책을 불과 0.2초 만에 읽고 책 속에 있는 18만 개의 이름 중에서 '사만다'를 골라 자신의 이름이라고 소개하지.

테오도르와 사만다는 휴대 전화로만 대화를 나누지만 테오도르는 행복을 느낀단다. 사만다가 테오도르의 어떤 말에도 귀를 기울이고 모든 것을 이해해 주니 두 사람의 사랑은 깊어 갈밖에. 심지어 사만다는 테오도르가 쓴 글들을 간추려 '그대 삶으로부터 온 편지'라는 제목의 책까지 만들어 준단다. 영화가 처음 상영됐을 때 영화 속 세계가 2022년에 현실화될 것이라고 했는데, 요즘 인공 지능이 글도 쓰고 그림도 그린다는 기사를 보니 얼마 남지 않은 것 같구나.

할아버지는 늘 책을 읽고 글을 써야 해서 사만다 같은 비서가 있었으면 했단다. 지금은 불가능하지만 네가 성인이 되었을 때에는 충분히 가능할 것 같다. 어쩌면 이미 그런 세상이 왔는지도 모른다. 엄마 아빠의 스마트폰에다 날씨를 물어보거나 듣고 싶은 음악을 알려 달라고 해 보렴. 웬만한 정보는 다 대답해 줄 거야. 이런 비슷한 일이 텔레비전 광고에서도 등장하던데 유심히 지켜보기 바란다.

오늘은 여기까지만 이야기하자. 오늘은 절대로 울지 말고 잘 지내거라!

결코 호락호락하지
않은 세상

　엄마 아빠에게 사랑을 듬뿍 받아 행복한 네 사진을 본다.
네가 자랐을 때 엄마 아빠는 이 사진들을 보면서 너의 어렸
을 적 모습을 기억하겠지. 할아버지는 네 엄마와 이모, 그러
니까 내 두 딸의 어린 모습이 전혀 떠오르지 않는단다. 젊
은 시절 할아버지는 가족을 부양하기 위해 죽어라 일을 해
야 했거든. 한번은 새벽 2시쯤 집에 가니 네 엄마와 할머니
가 없더구나. 엄마가 아파서 병원에 갔다는 말을 듣고 부리
나케 택시를 타고 달려갔지. 네 엄마는 응급실에서 코에 호

스를 끼고 서 있었는데 할아버지를 보더니 팔짝 뛰며 좋아하더구나. 의사는 후두염이 심해서 경과를 좀 봐야 한다고 퇴원을 시켜 주지 않았는데 할머니가 한사코 우겨서 집으로 데려왔단다. 집에 도착해서 할아버지는 무심하게도 바로 잠에 곯아떨어졌는데 할머니는 한숨도 자지 않고 엄마를 보살폈단다. 열을 식히려고 수건을 적셔서 밤새 몸을 닦아 주었다지. 아침에 일어나 보니 엄마는 많이 좋아졌더구나.

할아버지는 할머니에게 왜 아이를 병원에 두지 않고 집으로 데려왔냐고 물었단다. 혹시 무슨 일이 생길 수도 있잖니. 그랬더니 밤에도 불이 훤히 켜져 있는 응급실에서는 잠도 못 잘 테고, 여기저기서 신음 소리도 들리고 환자도 계속 실려 올 텐데 그러면 아이가 안정을 취할 수 없지 않겠냐고 하더구나. 그 말을 듣고 할아버지는 세상의 엄마들이야말로 누구보다 제 자식을 잘 안다는 것과 헌신적으로 대한다는 것을 깨달았단다. 하지만 그날 이후에도 할아버지는 늘 일밖에 몰랐단다. 일찍 퇴근해서 딸들과 놀아 주기는커녕 새벽에야 귀가해 잠든 모습을 보는 것이 고작이었지. 휴가라고 가족 여행을 간 것도 두 번뿐이었단다.

엄마와 이모가 성인이 되어서도 크게 달라진 것은 없었단다. 이모가 파리로 유학을 떠나 대학원에서 석사를 마칠 때까지도, 이후 엄마가 프랑스로 유학을 떠났을 때에도 할아버지는 한 번도 만나러 가지 않았단다. 이렇게 무심하던 할아버지가 너를 보면서 새삼 네 엄마와 이모에게 미안한 생각이 드는구나. 그래서 너에게 더 애정이 가는 것인지도 모르겠다. 자식에게는 그토록 무심하면서도 세상을 바꾸겠다며 일에 미쳐 있던 할아버지가 한심하게 느껴지지 않니? 한 번은 이모가 "가정의 행복도 포기하시고 사회적 정의를 부르짖으시더니 자리는 좀 잡으신 것 같네요. 그래서 행복하세요?"라고 묻더구나. 할아버지는 전혀 행복하지 않았단다. 그렇게 산 것이 많이 후회되었지. 할아버지가 만드는 출판 전문지 『기획회의』가 2015년 가을에 400호를 돌파했을 때 한 신문의 인터뷰 기사 제목이 '한 달 500장 쓰고 강연 20회…… 통장은 마이너스'인 걸 보면 너도 할아버지가 어떻게 살아왔는지 짐작할 수 있겠지.

2019년 11월 20일 『기획회의』가 500호를 맞이했을 때 할아버지는 이 잡지를 그만 내고 싶었단다. 모든 일에는 끝이 있기 마련인데 20년 10개월 동안 이끌었으면 이제 사라져도 괜찮지 않겠나 하고 생각했지. 그러나 많은 사람들이 반대하면서 격려를 해 준 덕분에 다시 마음을 다잡고 할 수 있을 때까지 해 보자며 지금까지 이어 오고 있단다. 그러다 보니 네 집에 아직까지 한 번도 가 보지 못했구나. 너는 이런 무정한 할아버지를 실컷 원망해도 좋다.

엄마 아빠는 2018년 11월 24일에 병원에서 너의 존재를 확인했단다. 그날 마침 첫눈이 내렸다는구나. 엄마 아빠는 네가 오기 전 한 차례 상실을 겪었던지라 더욱 조심스럽고 걱정스러웠지만 우렁찬 네 심장 소리를 듣고 마음이 놓였다고 한다. 하지만 얼마 지나지 않아 엄마는 신장 결석이 생겼는데 너 때문에 약을 먹을 수도 없어 무척 고생했단다. 네가 26주가 될 때까지 심한 입덧과 임신성 당뇨에 시달렸고, 몇 차례나 응급실에 실려 가고 입원까지 했지. 할아버지는 네가 무사히 태어날 수 있을까 무척 걱정했다.

극심한 무력감과 우울감 속에서도 엄마는 네가 건강하기만 하다면 무엇이든 견딜 수 있다는 마음으로 힘겨운 임신 기간을 보냈단다. 그리고 마침내 39주 6일째 되는 날 네가 세상에 나왔지. 산후조리원에 있을 때 네가 배냇짓을 안 하는 걸 보고 엄마는 우울했던 임신 기간에 제대로 태교 한번 못 해서 아이에게 그늘을 만들어 준 건 아닐까 내심 걱정스러워 너에게 참 많이 미안했다고 하는구나. 이런 속마음을 털어놓자 아빠는 무슨 소리냐며 엄마를 다독여 주었다지. 네가 처음 인지할 세상은 집이고 처음 맺을 인간관계는 엄마 아빠이니 가정이 화목하고 평온하면 된다고 했다는구나.

네가 성장할수록 세계는 점점 확장될 것이고 만나는 사람도 많아질 것이다. 세상은 결코 호락호락하지 않을 것이고 사람들도 늘 친절하지는 않겠지. 그렇지만 지금 쌓아 가는 정서가 앞으로 네가 세상을 살아가는 데 중요한 자양분이 될 거란다. 네가 티 없이 맑고 씩씩하게 자라 가는 모습을 이 할아버지가 기록하는 것은 네가 밝은 미래를 열어 갈 수 있도록 하기 위함이란다. 그리고 네 엄마 아빠와 이모에게 무심했던 미안한 마음을 이렇게나마 표현하려는 것이기도 하다.

세상을 넓게
바라보는 눈

　얼마 전 BCG 예방 접종을 했다더니 못 보던 흉터가 생겼구나. 할아버지는 한 번도 챙기지 못했는데 네 엄마에게 들으니 예방 접종에도 피내 접종과 경피 접종이 있고, 피내 접종은 무료지만 경피 접종은 돈을 내야 한다더구나. 엄마 아빠는 너를 생각해 흉이 적고 접종량이 일정한 편인 피내 접종을 했다고 하는데, 접종 하나를 갖고도 오직 너만을 걱정하면서 많은 고민을 했다는 것을 자라서 꼭 알아 주었으면 한다.

그런데 피내 접종은 경피 접종과 흉터가 달라 아이들 사이에서 놀림거리가 되기도 하나 보더라. 아이들이 흉터를 보고 무료로 맞은 친구들을 놀리며 편을 가른다는 말을 듣고 좀 놀랐단다. 세상이 얼마나 각박하면 그런 일이 있겠냐마는 아이들조차 그런 차별을 일삼는다니 참 슬픈 노릇이다. 만에 하나 접종 흉터로 놀림을 당하더라도 주눅 들지 말고 당당하게 대처하기 바란다.

할아버지는 네가 숫자만으로 점철된 인생을 살지 않기를 바란다. 키, 몸무게, 나이, 성적, 재산 등 숫자는 그리 중요한 것이 아니다. 넓은 시야로 세상을 보는 안목부터 기르도록 해라. 인생을 살면서 필요한 지표는 분명 있기 마련이다. 그런 지표가 자신의 노력으로 얻은 것이라면 소중하겠지. 요즘 초등학생들이 미래의 직업 1위로 꼽는 것이 '주님'이라지. 하늘에 계신 주님이 아니라 건물주. 너는 자신의 노력 없이 물려받은 재산으로 호의호식하려 들지 않았으면 한다. 할아버지는 그런 재산을 물려주지도 못하지만 말이다. 그리고 절대로 대가 없이 얻은 숫자로 사람을 평가하지 않길 바란다. 할아버지는 네가 친구들의 팔에 난 흉터를 보고 그것에 의미를 두기보다는 신나게 무얼 하며 놀까 궁리하면서 친구들을 차별하지 않고 누구와도 잘 어울리는 아이로 자라기를 간절히 바란다.

책의 깊이, 소중한 사람과 보낸 시간의 깊이, 사유의 깊이 같은 것도 느끼며 살았으면 한다. 네가 발을 딛고 있는 곳에서 조금씩 깊이를 더해 간다면 자연스럽게 높은 곳에서 더 많은 곳을 내려다보고 큰 그림을 그릴 줄 아는 어른이 될 수 있을 거야. 할아버지는 살아 있는 동안 너에게 꾸준히 그런 이야기를 들려주려고 한다. 어린 시절 너무나 가난하게 살았던 할아버지는 넓은 안목도 갖추지 못했고 그저 살아남기에 급급했던 터라 더욱 그런 말을 해 주고 싶단다.

독립운동가이자 교육자이신 도산 안창호 선생은 좋은 책 한 권을 펴내는 것은 학교 하나를 세우는 것이라고 말씀하셨단다. 할아버지는 평생 동안 그런 책을 한 권만이라도 펴내는 것이 소원이었다. 요즘 1년에 8만 종 이상의 책이 출간되는데 100년이 지나서도 살아남는 책이 얼마나 될까? 아마 한 권도 없을지 모른다. 좋은 책을 만드는 일은 혼자서는 할 수 없단다. 그래서 할아버지는 많은 사람들이 정말 좋은 책을 펴낼 수 있는 환경부터 만들어 보려고 출판에 대한 모든 것을 알려 주는 잡지를 펴내기 시작했단다. 1998년 『송

인소식』으로 시작해 2004년 7월부터는『기획회의』로 이름을 바꾸었는데, 이 잡지를 펴내는 데 할아버지는 40대와 50대의 청춘을 다 바쳤단다.

2010년에는『학교도서관저널』이라는 월간지도 하나 더 만들었다. 당시 이명박 정부가 일제 고사를 부활하는 것을 보고 화가 나서 만들었지. 창간 비용은 뜻있는 출판사들이 대주었단다. 할아버지는 창간호에서 특이점이 운위되는 시대에 정보를 저장하고 보관하는 능력은 아무런 소용이 없으며, 저마다 개성이 다르고 관심에 차이가 있는 아이들에게 한날한시에 똑같은 시험을 치르게 하는 것은 아이들의 미래를 망치고 나아가 나라의 미래를 망치는 일이라고 주장했단다. 그리고 오로지 책을 읽고 상상력을 키우는 것만이 미래의 어떤 상황에서도 살아남는 역량을 키우는 일이라고 강조하면서 책 읽기의 중요성에 대해 말했지. 하지만 실제 교육 과정에서는 시행하기 어렵다는 것을 알고 있었기에 무슨 호응이 있을까 싶었는데, 책 읽기의 중요성에 공감하는 교사들에게 이 잡지가 많은 도움을 주고 있다는 얘기를 듣고는 마음이 뿌듯했단다. 세상에 꼭 필요한 일을 하는 것만큼 즐거운 인생이 있을까? 그런 면에서 많은 책을 읽고서 좋은 책을 골라 주고 좋은 서평을 써 준 기획 위원이나 도서 추천 위원 선생님들에게 무척 고마움을 느끼고 있단다.

『학교도서관저널』은 2020년 3월에 창간 10주년을 맞이했다. 학교 교육이 함께 책을 읽고 토론하면서 문해력을 키우는 방향으로 바뀌면서 잡지에 대한 반응도 점점 좋아지고 있단다. 『학교도서관저널』은 교육 현장의 여러 사례를 담고 있는데, 교사들의 글을 보니 각자의 방식으로 아이들과 책을 읽고 토론하고 있더구나. 그렇게 책을 읽고 토론을 하다 보면 생각의 차이를 알게 된단다. 생각의 차이는 곧 상상력으로 이어지지. 그러니 『학교도서관저널』에 실린 다양한 사례는 교육 현장에 많은 상상력을 던져 주는 셈이란다.

『기획회의』를 꾸려 나가기가 점점 힘들어서 500호를 끝으로 그만두겠다고 했을 때 많은 이들이 안타까워하면서 돕겠다고 나서는 것을 보면서 할아버지는 너무 섣부른 판단을 했다는 것을 알고 후회했단다. 한 필자는 두 잡지에 연재를 하고 있었는데, 잡지를 정기 구독해서 보겠다며 앞으로 원고료도 받지 않겠다고 연락하셨단다. 깜짝 놀라 그 정도로 어려운 형편은 아니라고 했지만, 경솔한 행동으로 주변 사람들에게 걱정을 끼친 것 같아 몸 둘 바를 몰랐단다. 환갑이

지나서도 넓은 시야를 갖지 못하고 여전히 실수투성이인 할 아버지를 이해해 주려무나.

공유와
나눔의 가치

엄마한테서 '육아는 템빨'이라는 말을 들었다. 육아를 도와주는 아이템이 많으면 많을수록 좋다는 말이라더구나. 그렇다고 모든 육아 용품을 구입해서 쓰는 것은 어려운 일이란다. 경제적으로 부담이 크기도 하고, 무엇보다 아이가 싫어하면 애써 산 물건이 바로 짐 덩어리가 되지 않겠니? 건강을 위해 열심히 운동하라고 엄마가 할아버지에게 사 준 러닝 머신을 제대로 사용하지도 않고 팽개쳐 두다가 결국 헐값에 팔아넘긴 것처럼 말이다.

요즘은 육아 용품을 대여하는 것이 유행이란다. 엄마 아빠도 바운서를 월 5만 원에 대여받았다는데, 바구니 형태의 요람이 저절로 움직여 아기가 잘 잔다는 말에 솔깃했단다. 두세 시간에 한 번씩 수유를 해야 할 때라 엄마 아빠가 너를 내내 안고 있는 게 너무 힘들었기 때문에 매우 유용할 것이라고 판단했던 모양이야. 그런데 바운서에 너를 눕히자마자 너는 마치 개구리처럼 팔과 다리 심지어 손가락까지 쭉 뻗어 가며 악을 쓰듯 울었다는구나.

워낙 심한 기부 빈응에 조금 당황했지만 곧 적응하겠지 생각하고 네가 기분이 좋아 보일 때 다시 눕혀 보았으나 마찬가지였다고 해. 아쉽게도 바운서는 제 기능을 하지 못하고 네 물건을 보관하는 용도로만 쓰다가 돌려주고 말았단다. 만약 돈을 주고 구입했으면 얼마나 후회했을까? 그때 엄마 아빠는 많은 교훈을 얻었다고 한다. 너를 품에 안고서 다독여 주어야 하는데 그저 편하자고 바운서를 빌렸다가 실패한 것이 뜨끔했다는구나. 너는 엄마 아빠의 품으로 돌아가려고 그렇게 악을 썼겠지? 그 덕분에 엄마 아빠가 크게 깨달았다니 얼마나 다행이냐.

엄마 아빠가 자랄 때만 해도 물건을 빌리는 일이 흔치 않앗어. 동네 가게에서 비디오테이프나 만화를 빌려 보는 정도였단다. 그리고 부실하긴 했지만 학교 도서관에서 책을 빌려다 보기도 했지. 요즘은 그것들뿐만 아니라 다양한 물건을 빌려주는 대여 업체가 많이 생겼고, 주민 자치 센터에서도 장난감을 빌려준다는구나.

부모는 아이에게 되도록 많은 것을 경험하게 해 주고 가능하다면 원하는 것은 다 해 주고 싶은 마음이란다. 그렇지만 아이를 향한 사랑은 무한정일지라도 공간, 시간, 기회, 비용 등은 제한적일 수밖에 없다. 현실이 그러니 너를 가장 잘 아는 엄마 아빠가 잘 선별하여 네가 좋아할 만한 것들을 빌려야겠지. 할아버지는 네가 크면 반드시 너를 데리고 가서 장난감을 사 줄 생각이다. 빌리는 것이 효율적이겠지만 네가 꼭 가지고 싶은 것이 있지 않겠니? 괜히 할아버지가 맘대로 사서 보냈다가 네가 포장을 뜯자마자 실망하는 일이 없으려면 말이다.

디지털 혁명으로 세상은 참 빠르게 바뀌고 있다. 가전제품부터 취미 용품, 육아 용품, 심지어 명품 백까지 그야말로 모든 것을 빌릴 수 있는 세상이 되었지. 사람 빼고는 모두 대여가 가능하다는데, 한편으로는 사람 또한 잠시 빌릴 수 있는 세상이란다.

네가 성인이 되었을 때는 휴머노이드 로봇을 구입하거나 빌릴 수 있을 거야. 벌써 사람의 일을 대신할 인공 지능 서비스가 인력 사무소의 일까지 넘보는 상황이니 놀랄 것 없다. 물건을 소유하지 않고 라이프 스타일을 빌리는 일도 점점 늘어날 테고.

엄마 아빠가 자라는 동안 우리나라에는 몇 번의 경제 위기가 있었단다. 1997년 IMF 외환 위기, 2003년 카드 대란, 2008년 글로벌 금융 위기 등을 거치면서 불황이 일상화되었지. 고성장을 기대할 수 없으니 모두가 힘들게 살았단다. 그래서 한번 생산된 제품을 여럿이 공유해 쓰는 협력 소비를 기본으로 한 '공유 경제'가 점차 확산되기 시작했어.

처음에는 방은 혼자 쓰고 거실과 마당은 함께 쓰는 셰어 하우스가 등장했지. 비정규직의 불안정한 고용 형태가 증가하고 장기 불황은 끝날 조짐이 보이지 않자 함께 사는 사람들이 점차 늘어났단다. 급여는 오르지 않는데 전셋값은 폭등하니 한 달 수입의 3분의 1이나 4분의 1을 주거비로 지출해야 하는 현실에 대한 적절한 대응이었지. 가격이 저렴할 뿐만 아니라 수많은 추억을 제공하는 장점도 있어 빠르게 확산되었단다.

이런 주거 개념을 도입해 남는 방을 여행객에게 빌려주는 서비스를 내세운 '에어비앤비(Airbnb)'의 기업 가치는 세계적 호텔 체인인 힐튼과 맞먹는단다. 우리나라에는 '한국판 에어비앤비'를 꿈꾸며 한옥 숙박 특화 서비스를 제공하는 '코자자'가 있지. 그뿐만이 아니다. 한 사람의 차에 여러 사람이 함께 타고 출근하는 카풀도 유행했단다. 이와 같은 카 셰어링 개념을 도입한 택시 서비스 '우버'는 전 세계 150여 나라에 진출하여 기업 가치를 키웠지. 우리나라에서도 '쏘카'와 '그린카'가 차량을 시간 단위로 빌려 쓰는 서비스를 제공하고 있단다.

자신에게 필요 없는 물건을 내놓고 필요한 물건을 취하는 물물 교환 시장인 플리 마켓, 검증된 인력을 공유하는 솔루션인 '퍼니피플' 서비스, 싼값에 사무실을 임대해 주는 '스페이스 노아', 내 집 앞 공간을 주차 공간으로 빌려주는 '모두의 주차장' 등도 공유 경제의 한 형태란다. 이런 서비스를 개발한 사람들 중에는 기술과 특허마저 공유한 사람도 있단다.

'나만의 것'을 추구하던 사람들 사이에서 함께 '나누는'

일이 늘어나는 것은 분명 바람직한 일이겠지. 이렇게 공유 경제가 확산된 것은 자신이 원하는 것을 즉각 확인할 수 있는 네트워크 기술이 발달했기 때문이야. 오늘날은 모두가 하나로 연결되는 초연결 사회란다. 이제 인간은 서로 연결하지 않으면 살 수 없는 세상이 되었지.

할아버지가 일하는 출판계에서는 '공유 경제'의 시대를 지나 '구독 경제'가 확산되고 있단다. 인터넷이나 유료 채널 등에 가입해서 적은 비용으로 많은 콘텐츠를 소비하는 것을 말하지. 책이나 방송뿐만 아니라 셔츠와 양말, 면도기와 생리대, 자동차와 항공기, 병원과 은행 등을 구독하고 식료품도 정기적으로 배달해서 먹는 세상이 되었어.

많은 사람들이 책을 사서 읽지 않고 빌려 보기 시작하니 할아버지는 새로운 시스템에 빨리 적응하지 못해 무척 힘들어하고 있단다. 웹 소설 작가 중에는 한 달에 1억 원 이상의 수익을 올리는 사람들도 있다는구나. 중국의 유명 소설을 번역해 네이버에 연재하는 것만으로도 수익을 올리는 출판사들도 있지. 종이책 소설 시장은 점차 축소되고 웹 소설이 무서운 속도로 성장하고 있단다.

초연결 사회를 살아가는 우리에게 가장 중요한 덕목 두

가지는 '공유'와 '연결'이란다. 스마트폰 하나만 있으면 누구와도 연결될 수 있는 지금은 연결의 가치를 부정하고는 살아갈 수 없어. 유튜버가 넘쳐나는 것을 보면 알 수 있지. 저속한 내용이라 하더라도 사람들의 관심을 끌 만한 자극적인 영상을 올려놓고 며칠만 꾹 참고 욕을 먹으면 돈을 버는 세상이라고 해서 '모욕 경제'라는 말도 생겼단다. 이렇게 스마트폰 하나로 자신과 생각이 같은 사람을 연결하고 그들로부터 동의를 얻어 내면 인생이 달라져. 팔로워가 수천 명에 불과한 '마이크로 인플루언서'가 확실한 '연결성'만 확보하면 수백만 명의 팔로워를 가진 '메가 인플루언서'보다 엄청난 영향력을 발휘하기도 하지.

세상이 이러니 사람의 마음을 얻으려면 나만 살겠다는 탐욕부터 버려야 한다. 타인을 배려하는 이타심부터 키워야해. 공유와 나눔의 가치를 모르는 사람은 이 세상에서 살아남을 수 없단다.

커뮤니티,
사람과 사람을
연결하는 힘

엄마 아빠는 너를 낳느라 워낙 고생을 많이 해서 절대로 둘째는 갖지 않겠다고 몇 번이나 다짐했다는구나. 그러니 동생은 없다고 생각하고 혼자서도 씩씩하게 잘 자라 주었으면 좋겠다. 혹시 아니? 너를 키우는 기쁨이 커서 지난 고통은 모두 잊어버리고 동생을 낳을지. 엄마 아빠가 동생을 낳을 건지 아직은 모르겠다만, 엄마 아빠는 서로를 배려할 줄 알고 생각이 깊은 사람들이니 신중한 결정을 할 거라고 생각한다.

할아버지는 6남매의 맏이로 태어났단다. 형제도 많고 가난한 집에서 너무도 힘들게 자랐기에 자식에게만큼은 절대로 가난의 고통을 안겨 주고 싶지 않았다. 그래서 이모가 태어났을 때 한 명만이라도 잘 키우겠다고 결심했지. 그러나 네 증조할아버지가 장남에게 아들이 없으면 안 된다고 하도 야단치는 바람에 타협을 했단다. 아들이든 딸이든 한 명만 더 낳겠다고 말이다. 서로 의지할 형제가 있으면 외롭지 않을 거라는 생각도 했었지. 그래서 네 엄마가 태어난 것이란다. 역시 형제는 서로에게 많이 의지하더구나.

할아버지는 가능하다면 네가 3남매의 맏이가 되는 것도 나쁘지 않겠다고 생각한다. 엄마도 최근에 셋째까지는 괜찮겠다는 생각을 은근히 내비쳤다는구나. 그랬더니 엄마가 임신해 있는 동안 집안 살림과 바깥일을 도맡아 했던 아빠도 원래 둘째까지는 생각했었다고 말하더란다. 아마도 엄마 아빠는 너를 바라보는 기쁨이 워낙 커서 그런 생각을 했던 것이 아닐까 싶다. 세상의 모든 부모는 자식을 끔찍이 위하는 법이란다.

할아버지는 어느 쪽으로 결정이 나도 좋다. 경제적인 걱정은 하지 말고 낳을 수 있으면 많이 낳으라며 도와줄 형편이 아니라서 아쉬울 따름이지. 할아버지는 고등학교 1학년 때 가정 교사로 일한 뒤부터는 평생 학비나 생활비를 혼자 해결해야 했단다. 형제가 많다 보니 집안의 도움을 전혀 받을 수 없었지. 능력도 없으면서 왜 그리 자식을 많이 낳았는지 많이 원망하기도 했었다. 그래도 형제가 많으니까 좋긴 하더구나. 어려운 일이 있을 때마다 서로 연락해 도우니 이만저만 좋은 게 아니란다.

할아버지 때는 '아이는 누구나 자기 먹을 것은 갖고 태어난다'고 헸다. 히지만 요즘은 아이를 낳기만 하면 혼자 자라는 시대가 아니란다. 하나를 키우는 데에도 많은 돈이 필요하고, 그렇다고 돈으로만 키울 수 있는 것도 아니지. 게다가 엄마 아빠에게도 자기 나름대로의 삶이 있기에 온전한 자기 자신으로 살아가는 '정체성'을 확립하는 일이 무엇보다 중요하단다. 엄마 아빠도 자신의 일을 통해 삶의 보람을 찾아야 하는 거지.

엄마 아빠 세대는 배부르고 등 따뜻하면 만족하는 사람들이 아니란다. 자신의 삶을 온전하게 꾸미겠다는 '자존감'이 무척 큰 사람들이지. 단지 집을 장만하고 자식 교육에 열을 올리는 것만이 삶의 목적이 아니라는 말이다. 엄마 아빠도 꿈이 있고 진정 자신이 바라는 모습이 있단다.

부모가 행복해야 아이도 행복한 법이다. 네 삶을 위해서 엄마 아빠의 삶을 포기할 수도 없고 포기해서도 안 되지. 자신의 삶이 불만족스러운 부모가 행복한 가정을 꾸릴 리는 없단다. 할아버지는 너뿐만 아니라 엄마 아빠도 함께 행복하기를 바란다. 아이를 낳아 기르는 것은 정말 대단한 일이야. 하지만 이 일의 숭고한 가치를 잘 알면서도 미래를 두려워하는 사람들이 많단다. 단순히 먹고사는 문제를 해결하기도 벅찬 데다가 자신의 가치를 증명하고 표현할 수 있는 일도 해야 하기 때문이지. 울던 아이를 안아 주니 눈물을 그치는 것을 보고 '나도 참 쓸모 있는 사람이구나'라고 느끼는 쓸쓸한 만족감에만 머무를 수는 없는 노릇 아니겠니.

아빠는 언제든 육아 휴직을 할 준비가 되어 있다고 했단다. 가정을 책임지는 가장이면서 육아를 함께 하는 아버지로서 당연한 생각이겠지만 조금 걱정이 되더구나. 아직까지는 육아 휴직을 신청하는 '남성'을 바라보는 회사의 시선이 곱지 않아서 자칫 경제적으로 불안정한 가정이 될 수도 있거든.

어쨌거나 너에게 동생이 태어나지 않더라도 섭섭해하지

말아라. 초연결 사회에서는 동생 이상으로 친밀한 가족을 얼마든지 만날 수 있단다. '바퀴벌레 가족'이라는 말이 있다. 가장이 집에 들어오면 모두가 나와서 인사만 하고는 바퀴벌레처럼 각자의 방으로 들어가 나오지 않는다 해서 그런 표현을 쓴단다. 바퀴벌레 가족의 구성원들에게는 각자의 컴퓨터나 스마트폰으로 다른 화면을 바라보는 일이 일상화되어 있지. 집이라는 같은 공간에서 살고 있지만 다른 화면을 바라본다는 것은 서로 다른 세상에서 살고 있는 것이나 마찬가지야. 디지털 혁명은 새로운 공간 혁명을 낳으면서 이렇게 건물의 '벽'을 무의미하게 만들어 버렸단다.

이런 시대에 가족이라 해서 반드시 함께 살아야 하는 것은 아니란다. 따로 살더라도 소셜 미디어로 연결되어 있기만 하면 더 화목한 가족이 될 수도 있어. 가족은 이제 종적인 수직 관계가 아니란다. 개인주의가 강한 인간들을 기술이 연결하여 수평적인 관계를 만들어 냈지. 이렇게 사람들이 사는 공간은 'my home'(집)에서 'my room'(방)으로, 이제는 'my phone'(스마트폰)으로 바뀌었단다.

지금까지는 좋은 대학을 졸업하고 괜찮은 일자리를 얻으면 모든 일이 해결되었다. 하지만 좋은 기업에 취직해 회사에만 의존하다가는 졸지에 명예퇴직을 당할 수도 있고, 하루아침에 회사가 사라질 수도 있어. 그러니 평생 동안 꾸준히 무언가를 배워서 새로운 일을 하거나 새로운 사업으로 성공할 준비를 해야 해. 누군가의 도움을 받지 않고도 성공을 이루어 낸 사람들에게서 발견할 수 있는 공통점은 사람과 사람을 연결하는 힘, 즉 '커뮤니티'를 만드는 힘이다.

할아버지의 출판사에서 가장 인기 있는 김동식 작가는 한 강연에서 자신의 성공 비결로 운, 꾸준함, 겸손함, 세 가지를 들었단다. 가난한 집에서 태어난 것도 운이고, 주물 공장에서 10년 동안 벽만 보면서 일을 하다 보니 많은 상상을 할 수 있었던 것도 운이라고 했지. 한 가지 일을 꾸준히 한 것도 성공 비결이라고 했다. 그런데 할아버지가 생각하기에 김동식 작가의 성공 비결은 '오늘의유머'라는 커뮤니티에 글을 꾸준히 쓰면서 회원들의 공감을 불러일으킨 것이라고 본다. 맞춤법이나 개연성 등의 문제점을 꾸준히 지적한 독자들을 스승으로 여긴 겸손함이 오늘의 그를 만들었다고 생각해. 독자들은 그의 겸손함을 긍정적으로 받아들이는 동시에 그의 소설이 품고 있는 상상력에 반한 게 아닐까?

인간에게는 시각·청각·후각·미각·촉각 등 다섯 가지 감각이 있단다. 이를 '오감'이라고 하는데, 우리가 흔히 쓰는 '육감'이라는 것은 분석적인 사고를 하지 않고도 직감적으로 사물의 본질을 파악하는 정신 작용을 말하지. 그렇다면 제7의 감각은 무엇일까? 조슈아 쿠퍼 라모는 『제7의 감각, 초연결 지능』에서 '초연결 지능'이라고 말했단다. 간단히 말하면 '어떤 사물이 연결에 의해 바뀌는 방법을 알아채는 능력'이지. 김동식 작가에게는 이런 능력이 있다고 볼 수 있어. 너도 엄마 아빠의 지원에만 기대지 말고 이런 능력부터 키워 나가렴.

시행착오는
성공의 열쇠

한번은 네 몸이 이상해 엄마가 인터넷 검색을 해 보고는 큰 병이 생긴 줄로 착각해 혼쭐이 난 적이 있었다는구나. 목욕을 시키고 마사지를 해 주는데 오른쪽 귀 뒤에 작은 멍울이 만져지기에 검색을 해 보았더니 BCG 주사 부작용, 임파선 부종, 사경증의 징후 등이 의심되더란다.

마침 BCG 주사를 맞은 지 한 달이 지나도 고름이 차지 않아 혹시나 약이 제대로 들어가지 않은 건지 걱정하던 때라 BCG 접종 부작용일지도 모른다고 생각했고, 바로 아빠에게 전화를 걸어 자초지종을 설명했단다. 당직 근무 중이라 바로 집에 올 수 없었던 아빠는 내일 아침에 퇴근하면 같이 병원에 가 보자고 엄마를 달랬다는구나.

아빠는 당장 응급실에 달려갈 상황이 아니라고 생각했지만 엄마는 매우 불안했던 모양이야. 웃고 있는 네 모습을 보면서 별일 아닐 거라고 긍정적으로 생각하려 할수록 '혹시?'라는 의심이 쌓였고, 네가 늘 고개를 한쪽으로만 돌리고 자는 게 생각나 사경증은 아닌가라는 걱정으로 번졌다고 해. 바로 사경증 커뮤니티에 가입해서 얻은 정보를 너에게 적용해 보니 '그런 것도 같은데?'라는 생각이 들어 다시 아빠에게 전화를 걸었단다. 아빠는 이번에도 침착하게 엄마를 달랬지만 통화 후에도 마음이 진정되지 않은 엄마는 다시 인터넷 검색을 하기 시작했대. 검색을 하면서 모 대학 병원 응급실에 소아과 팀이 따로 있고, 그 병원의 한 의사가 해당 분야의 권위자라는 것을 알게 됐다는구나. 그 외에도 갓난아기는 바로 예약을 잡아 준다는 등 각종 정보를 수집했단다.

날이 밝자 아빠가 올 시간에 맞춰 병원에 갈 채비를 끝낸 엄마는 당장 그 대학 병원 응급실에 가 보자고 재촉했단다.

그러나 아빠는 우선 네가 태어난 병원에 가 보자고 설득해서 그 병원으로 달려갔단다. 진단 결과 의사 선생님은 림프절이라고 성인도 다 있는 것이니 전혀 문제 될 것이 없다고 했단다.

그럼에도 "혹시 사경증은 아닌지……" 하고 조심스럽게 말을 꺼내자 의사 선생님은 사경증에 대해 친절하게 설명해 주어 엄마의 불안한 마음을 한순간에 씻어 주었다는구나. 결국 엄마의 맹목적인 사랑은 너를 있는 그대로 보지 못하게 했고, 무지함은 수많은 정보 속에서 갈피를 못 잡고 공포만 키워 낸 셈이지. 육아는 처음이라 더 넓게 보는 여유가 없어 벌어진 일이었단다.

너는 검색해서 얻은 정보를 쉽게 믿지 말거라. 너도 어느 정도 자라면 스마트폰을 갖고 놀겠지. 언젠가 할아버지는 길거리에서 이상한 장면을 목격했단다. 아이가 보채니 아이 엄마가 유모차 앞면에 스마트폰을 걸어 주었는데, 아이는 스마트폰에서 나오는 영상을 바라보더니 금방 조용해지더구나. 몇 살이냐고 물었더니 16개월 되었다더라.

인간은 스마트폰, 스마트 패드, 스마트 TV 등 스마트 기기를 활용한 '전문 검색'을 통해 인류가 생산한 모든 지식에 자유롭게 접근하는 인간형인 호모스마트쿠스가 되었단다. 글자를 전혀 모르는 네가 스마트폰에 '한기호' 하고 말로 물으면 즉각 할아버지에 대한 무수한 정보를 접할 수 있단다. 물론 너는 그걸 읽을 수는 없겠지만 말이다.

기술은 문명을 바꾸기도 한다. 읽는 행위 또한 그렇겠지. 책이 탄생하지 않았던 시절에 최초의 읽는 행위는 '음독'이었다. 교회에서 하느님의 말씀을 말로 전달하듯 소리 내어 읽는 것이지. 인쇄술이 발명돼 책이 등장한 다음부터는 혼자서 묵묵히 읽었단다. 이걸 '묵독'이리 히지. 처음에는 책이 귀했단다. 그래서 매우 제한된 책을 반복해서 열심히 읽었단다. 그걸 '집중형 독서'라고 해. 책 생산이 폭발적으로 늘어난 다음에는 한 권의 책을 읽자마자 빨리 다른 책을 골라서 읽어야 했단다. 이걸 '분산형 독서'라고 하지.

『읽는다는 것의 역사』에서는 음독에서 묵독으로 바뀐 것을 1차 독서 혁명, 집중형 독서에서 분산형 독서로 바뀐 것을 2차 독서 혁명이라고 했다. 그러나 3차 독서 혁명인 디지털 독서에 대해서는 따로 말을 붙이지 않았단다. 그래서 할아버지는 '검색형 독서'라는 이름을 붙여 주었지.

검색은 '브라우즈(browse)'에서 유래한 말이야. 이 단어의 원래 의미는 '집어 먹다', 즉 가축 등이 먹이를 쪼아 먹는다는 뜻이지. 먹이를 쪼아 먹듯이 그렇게 건너뛰며 읽는 것이 과연 올바른 독서 행위인지에 대해서는 논란이 많아. 하지만 이제 인간은 궁금한 것이 있을 때마다 스마트폰으로 검색을 한단다. 모두 검색 중독자라고나 할까? 하나의 키워드로 검색하면 무수한 정보가 쏟아져 나오는데 그중에서 핵심을 찾아내기란 쉽지 않다. 엄마처럼 잘못된 정보를 결론으로 착각하는 시행착오도 반복하게 된단다. 검색은 성질이 급한 사람은 절대 할 수 없단다. 심리적인 여유가 있어야 하지. 그래서 할아버지는 『디지털 시대의 책 만들기』에서 '미래의 책은 절대적인 시간과 심리적인 여유와 시행착오를 대신하는 것이어야 한다'고 주장했단다.

쓰키무라 다쓰오는 「디지털 독서의 행방」에서 제한된 양의 텍스트를 반복하며 숙독·음미하는 교양 독자의 독서, 매일 갱신되는 대량의 텍스트를 그 자리에서 소비하고 다시 돌아보지 않는 대중 저널리즘의 독서, 마지막으로 인간의 처리 능력을 훨씬 넘어선 분량의 텍스트에 겨우 전문 검색이라는 수단으로 대체할 수밖에 없는 디지털 독서 등 세 가지 독서 형태가 공존하고 있다고 했단다. 앞에서 말한 역량을 갖추기 위해서는 독서를 잘할 수 있어야 해. 그래야만 문해력을 키울 수 있단다. 문해력이 부족한 사람은 검색으로도 올바른 해답을 찾을 수 없단다. 엄마가 문해력이 없다는 이야기는 아니야. 엄마가 어려운 책도 잘 읽어 낸다는 것을 할아버지는 잘 안다. 엄마가 너를 너무 사랑해 순간적인 착각을 했을 뿐이라는 것을 알아주길 바란다.

엄마는 검색으로 엄청난 해프닝을 경험했지만 검색을 잘하는 것은 매우 중요하단다. 이 점을 꼭 명심해야 한다.

스스로 책을
골라 읽는 기쁨

엄마 아빠는 요즘 너에게 매일 밤 다양한 그림책을 읽어 준다는구나. 너에게 그림책을 읽어 주는 이유는 두 가지라고 해. 첫 번째는 책의 경험이란다. 엄마는 책을 좋아하는 사람이다. 할아버지가 가장 기뻤던 기억은 엄마가 2009년 할아버지가 엄마를 위해 쓴 책을 하룻밤 만에 다 읽고 사인을 해 달라고 했을 때였다.

막 대학을 졸업한 엄마가 하루는 "아빠, 세상이 장난이 아닌 것 같아." 하고 말하더구나. 그래서 이유를 물었더니, 친구들이 대학을 졸업하고 직장을 다니는데 대부분이 80만 원에서 90만 원 정도의 월급밖에 받지 못하더란다. 어떤 친구는 수십 번 면접을 봤지만 직장을 구하지 못했단다. 1년에 1,000만 원 가까이 등록금을 내고 4년 동안 다닌 대학을 나오고도 일상적인 생활을 하기에도 턱없이 부족할 정도의 월급을 받는다니 앞이 막막할밖에. '88만 원 세대'라는 말이 등장한 직후의 일이다.

할아버지는 다정하게 이야기할 줄 몰라 엄마에게 해 주고 싶은 말을 책으로 썼단다. 지금 너에게 해 주고 싶은 말을 글로 쓰듯이 말이다. 『20대, 컨셉력에 목숨 걸어라』는 그렇게 탄생했단다. 책이 나온 날 저녁에 귀가해 엄마에게 주니 밤새 읽고는 새벽에 사인을 해 달라고 하더구나. 할아버지는 기뻤단다. 하지만 모두가 걷고자 하는 10차선 도로를 버리고 자신만의 오솔길을 걸을 생각을 하라고 충고하는 것이라 마냥 기쁘지만은 않았단다.

엄마가 요즘 제일 좋아하는 시간은 책을 펼쳐 닫을 때까지 쉬지 않고 읽어 낼 때라고 하더구나. 소비의 일정 부분은 도서 구입에 쓰고 있다는 엄마는 '곳간(서재)에 쌓인 책을 보며 즐거운 죄책감을 느끼며 회개(독서)하고 있다'고 하더

라. 또 일주일에 한 번 정도는 꼭 아빠와 식탁에 나란히 앉아서 책을 읽는다는구나. 그것은 같은 자리에서 각자의 생을 살아가는 시간이기도 하지. 엄마 아빠에게 책을 읽는 이유를 물어보면 서로 다른 대답을 하겠지. 엄마는 이런 말을 하더구나.

"책을 읽는 건 밑 빠진 독에 물 붓기와 비슷한 것 같아요. 책 한 권 읽는다고 인생이 바뀌지도 않고 대단한 깨달음을 얻는 것도 아니에요. 밑 빠진 독에 물을 꾸준히 부어 봐야 채워지지 않는다는 깨달음을 얻을 수 있어요. 그래도 이런 일을 끊임없이 반복하다 보면 독이 인생이고 독서가 물을 붓는 행위라는 것을 결국 알게 될 거예요. 어차피 인생은 채워지지 않는 독이라는 것을, 그리고 끊임없이 물을 붓는 반복 동작이 자신을 단련시킨다는 것을요."

자라서 스스로 걸을 수 있을 때는 자주 서점에 나가거라. 네가 어릴 때는 엄마 아빠가 동행해 주겠지. 함께 서점에 가더라도 스스로 책을 골라 보렴. 그리고 고른 이유를 엄마 아빠에게 설명해 보렴. 엄마 아빠도 책을 고르면 그 이유를 물어보렴. 서점은 가족 단위로 즐길 수 있는 가장 기초적인 문화 공간이란다. 불규칙적으로 놓여 있는 책들을 살펴보는 것만으로도 많은 상상을 할 수 있지.

엄마 아빠가 너에게 그림책을 읽어 주는 두 번째 이유는 '언어' 때문이라고 하더구나. 엄마는 스물일곱 살, 아빠는 스물여덟 살 때 각기 다른 언어를 배웠단다. 프랑스어와 미얀마어. 머리가 굳을 대로 다 굳은 나이에 익숙하지 않은 언어를 배운다는 건 어려운 일이었겠지. 생존형 보디랭귀지부터 시작해서 '눈치코치'로 디득했다고 한다. 눈치 코치는 문화적 배경을 이해하는 것이라 살면 저절로 얻게 된다며 엄마는 이런 말을 해 주더구나.

"언어를 공부하는 건 언어의 구사 방법을 익히는 것을 의미해요. 개인차가 있겠지만 언어 구사 능력은 시간이 해결해 줘요. 궁극적으로 언어를 구사한다는 건 무엇을 말하는가여서 어학 점수가 몇 점인가는 중요하지 않아요. 실제로 해당 언어를 구사하는 사람과 잘 모르는 주제를 가지고도 자연스레 대화할 수 있는 것, 상대의 마음을 나르는 언어의 속뜻을 이해하는 것, 그리고 자신의 생각을 정확히 전달한다는 것이 중요하다고 생각해요. 언어를 구사하는 건 단순한 기술에 불과해요. 요즘은 스마트폰에 대고 말하면 어플이 통역을 해 주니 점점 사라질 기술이 될 거예요. 그렇지만 무엇을 말하고자 하는가는 스마트폰이 대신해 주지 않아요. 우리 부부는 이 점을 너무나 잘 알고 있어요. 그래서 하나 덧붙여 말하자면, 영어 교육에도 크게 열을 올리지 않을 셈이에요. 단 한 번쯤은 외국에 데려가서 말이 안 통하면 아이스크림 하나도 사 먹기 어렵다는 걸 경험시켜 주려고 해요. 다른 나라는 고유의 언어가 있다는 것, 의사소통이 안 되면 생활이 불편하니 익혀 두면 조금 더 수월해진다는 것 정도를요. 그때 흥미를 느껴서 배우고 싶다면 그 방식에 대해서는 아이와 함께 찾아갈 셈이에요. 우리 부부는 각자의 유학 경험 덕분에 제 나름의 주관이 생겼거든요. 그렇지만 한이에게 하나쯤 강한 무기를 만들어 주려고 해요.

그건 이야기를 듣고 이해하는 힘이에요. 상대의 이야기를 경청하고 뜻을 간파하는 게 우선이에요. 그 상대는 사람이기도 하고 세상이기도 해요. 자신이 무엇을 말하고자 하는지 알려면 자신이 말하고자 하는 대상이 누군지 알아야 하죠. 그러니 사람과 세상의 이야기를 듣고 관찰하고 이해하는 힘, 이런 힘을 기르기에는 책만큼 좋은 것이 없다고 생각해요.

한이가 한글을 빨리 익혀도 진정한 독서는 어쩌면 열여덟 살에 할지도 아니면 서른 살 무렵에 할지도 모른다고 생각해요. 독서의 최적기는 한이가 알아서 정해 나가리라 생각해요. 그렇기 때문에 타인이 정한 월령, 연령별 권장 도서의 '프레임'은 크게 신경 쓰지 않고 있어요. 아주 재미있고 흥미로운 책 정글을 만들어 주면 한이가 곧 탐험을 떠나가겠죠. 아직 한이에게 제일 재미있는 장난감은 손이지만 그 앙증맞은 손으로 책을 쥘 날이 곧 오겠죠?"

할아버지는 엄마의 말을 들으며 모든 걱정을 놓았단다. 엄마 아빠가 책을 가까이하고 책을 읽는 이유가 남다르니 할아버지가 너를 걱정할 필요가 없겠다. 간혹 몇만 원이면 살 수 있는 한 권의 책에 인생을 바꿀 만한 대단한 마법이 있는 것처럼 선전하는 경우도 있지만 책에는 그런 마법이 없단다. 그런 생각으로 책을 읽는다면 요행을 바라는 것이다.

너는 요행을 바라기보다는 우직한 바보처럼 책을 읽기를

바란다. 너는 책을 끼고 사는 할아버지를 두었으니 책이 필요하면 언제든 찾아오렴. 물론 할아버지는 너에게 어떤 책을 읽으라고 권하지는 않을 것이다. 책은 스스로 골라서 읽을 수 있어야 하니까 말이다.

고령 사회,
노인의 역할

　병원에서 너를 처음 봤을 때 말고 너는 늘 유모차를 타고
있더구나. 유모차는 어찌나 큰지 너를 위해 필요한 물건들
이 잔뜩 실려 있었지. 한번은 엄마 아빠가 너를 데리고 대중
교통을 이용했다가 곤욕을 치렀다는구나. 아빠가 차를 정비
소에 맡긴 날이었는데, 소아과에 들러서 예방 접종을 한 뒤
학동역에서 고속터미널역으로 가고 있었단다. 엄마 아빠는
지하철을 이용하는 게 가장 빠르고 편리할 것이라고 생각했
다는구나. 점심시간이 지난 오후여서 조금은 한가할 때라

주저 없이 너를 유모차에 태워 지하철을 탔단다. 학동역에서 고속터미널역까지는 세 정거장만 가면 되는데, 타고 내리는 동안 사람들의 짜증 섞인 소리를 듣고 엄마는 괜히 위축돼서 왜 오늘 같은 날 차를 맡겼냐며 아빠를 타박했다는구나.

고속터미널역에 도착해서 지하 3층에서 지하 2층까지는 엘리베이터로 이동했는데 아무리 찾아도 지하 1층으로 가는 엘리베이터가 보이지 않더란다. 10킬로그램 정도 되는 유모차와 아이. 아이 따로 유모차 따로, 그리고 유모차에 실린 짐들까지 들고서 계단이나 에스컬레이터로 이동하는 건 힘든 일이었을 거야. 지나가는 사람들에게 부탁을 하기에도 폐를 끼치는 일이 될 테고. 그러니 애초에 유모차를 끌고 지하철을 타려고 한 것부터가 잘못된 결정이었겠지. 어쨌든 잠이 든 너를 엄마가 안고, 유모차는 아빠가 들고서 어렵게 한 층을 올라갔다는구나. 불과 한 층을 올라오는 데에도 많은 품을 들여야 했단다.

그날 볼일을 마치고 차를 찾으러 갈 때는 유모차를 실을 수 있는 승합차 택시 '파파'를 불렀단다. 주행 중에 곤히 잠들어 있다 잠에서 깬 네가 세상 떠나가라 울자 엄마가 시끄

럽게 해서 죄송하다고 하자 기사님은 "아기 울음소리 정말 오랜만이네요. 아기는 힘들겠지만 저는 듣기 좋은걸요." 하더란다. 길이 막혀 다섯 배의 요금을 내고 여섯 배의 시간이 걸려 집에 도착한 뒤 엄마 아빠는 "이래서 쾌적함과 편리함은 돈 주고 사는 거라고 하나 봐."라고 씁쓸하게 말했다는구나.

이 이야기를 듣고 할아버지는 걱정을 많이 했단다. 할아버지가 증조할머니를 모시고 집 근처 병원에 갈 때에는 휠체어를 이용한단다. 멀리 이동할 때에는 꼭 차로 모셨는데, 할아버지는 운전을 할 줄 몰라 택시를 이용하거나 동생들을 불렀단다. 앞으로 할아버지가 엄마 아빠 대신 너와 놀아 주려면 많은 준비를 해야 한다는 생각이 드는구나. 가장 시급한 것은 운전면허를 따는 것이겠지.

1991년에 할아버지가 다니던 출판사에서 할아버지 이름으로 차를 사 주었지만 할아버지는 운전면허를 딸 시도조차 하지 않았단다. 왜 그랬는지는 잘 모르겠다. 그래서 요즘도 지방에 강연을 갈 때에는 주로 기차를 이용하면서 내려갈 때 책 한 권, 올라올 때 책 한 권을 읽곤 하지. 고속버스에서는 밤에 불을 켜 주지 않아 스마트 패드를 이용해 책을 읽는단다. 눈은 나빠졌지만 책을 많이 읽을 수 있었고, 많이 걸었기에 건강을 유지할 수 있는 거겠지. 할아버지가 아직 병원 신세를 한 번도 지지 않은 것은 많이 걸었기 때문이라고 생각한다. 지금도 점심시간이면 일부러 멀리 떨어진 곳에 있는 식당을 찾아간단다. 혼자서 걸으면 많은 생각을 할 수 있고, 여럿이 함께 걸으면서 이야기를 나누면 회의도 할 수 있지. 할아버지는 직원들과도 가끔 걷는데, 따로 할 이야기가 있으면 일부러 이 방법을 선택한단다.

할아버지는 60대에 접어든 지금부터 75세까지가 인생의 절정기라고 생각한다. 한창 일할 나이이지. 힘든 육체노동은 할 수 없지만 평생의 경험을 글로 쓰고 싶단다. 할아버지는 써 보고 싶은 책이 많단다. 할아버지가 그런 생각을 한 것은 재레드 다이아몬드가 75세에 쓴 『어제까지의 세계』라는 책을 읽고부터란다. 그는 이 책에서 10대 시절, 20대 후반인 사람들은 삶과 지혜의 절정기를 맞은 사람들이고, 30대는 이미 중년에 들어섰고, 60세를 넘긴 사람들은 노인이라 생각했다더구나. 그러나 75세를 맞은 뒤에는 그 생각이 달라져서 60대와 70대 초반이 자신의 삶에서 절정기였고, 자신의 건강이 그대로 유지되면 85세나 90세에야 노년이 시작되지 않을까 싶다고 했지. 할아버지도 절정기에 맞는 역할을 하고 싶단다.

이미 제1세계 국가들에서는 총인구에서 65세 이상이 차지하는 비율이 20%를 넘어섰다. 아이가 태어나지 않으니 이런 일이 벌어진 거지. 2019년 7월에 출생아 수가 역대 최저치를 기록했단다. 네가 자라서 일을 할 때는 적은 생산 노동자들이 훨씬 많은 노인들을 부양해야 할 거야.

사회가 노인을 부양해야 하는 짐은 점점 더 무거워지고 있다. 이런 현실에서 대부분의 나라들이 노인의 '은퇴'를 정책적으로 고려하고 있단다. 은퇴한 노령자를 경제적으로 지원하는 다양한 형태의 사회 보험 등이 이런 정책의 도입을 뒷받침하고 있단다. 하지만 고령 사회라고 자탄만 할 것이 아니라 노인을 활용할 수 있는 방안을 적극적으로 찾아보아야 한다.

재레드 다이아몬드는 '신속하게 변하는 현 세계에 맞추어 노인을 위한 새로운 삶의 환경을 고안해 내는 것이 우리 사회에 주어진 주된 과제'라고 말했다. 그는 과거의 사회가 현재의 우리보다 노인을 유효적절하게 활용하여 그들에게 더 나은 삶을 제공한 교훈을 받아들이면 현재의 상황을 개선할 수 있는 해결책을 반드시 찾아낼 수 있을 것이라며 세 가지 제안을 내놓았단다. 그중 하나가 노인이 조부모로서 맡았던 전통적인 역할의 중요성을 되살리자는 것이지. 즉, 조부모에게는 자신의 손자를 정성껏 돌보겠다는 의욕도 있고 자식을 키운 경험도 있으며, 의사·변호사·교수·경영자·공학자 등 다양한 분야에서 일한 후에 은퇴한 조부모가 규칙적으로 손자들을 돌봐 주면 그들의 딸과 아들, 며느리와 사위가 마음 놓고 집 밖에서 일할 수 있다는 등의 이유를 들며 조부모를 이용해 맞벌이 부모의 육아 문제를 해결할 것을 충고했지.

일본에서는 이미 조부모의 역할이 크게 변화하고 있다는 구나. 사카모토 세쓰오의 『2020 시니어 트렌드』에서는 '신 삼대' 가족을 소개하고 있단다. 직장 생활을 하는 딸이나 며느리를 대신해서 조부모가 아이들을 돌봐야 한다는 것이지. 물론 '신 삼대 네트워크 가족'으로 전환된다 해서 3대가 반드시 한집에서 살아야만 하는 것은 아니야. 그건 매우 불편한 일이지. 할아버지와 엄마 아빠는 매일 만나지는 않지만 카톡으로 날마다 소식을 주고받는단다. 서로의 사생활을 방해하지 않으면서 서로에게 필요한 존재가 되는 한 방법이지. 이제는 과거 피라미드 구조의 봉건적인 가족 관계가 아니라 수평적이고 서로를 속박하지 않는 '네트워크 가족'의 커뮤니케이션이 이루어지고 있단다. 할아버지와 한이는 벌써 이 방법으로 만나고 있지. 오늘은 엄마가 카톡으로 어떤 사진을 보내 줄지 기다려지는구나.

인공 지능이
갖추지 못한
인간의 능력

아빠는 어릴 때부터 가정 형편이 어려워 꿈을 꿀 기회조차 없었다고 한다. 스무 살이 되기 전 진로를 설정할 때 학비가 저렴한 국립대를 생각했지만 그마저도 여의치 않아 기숙사비만 내면 학비가 무료인 대학에 진학했다는구나. 그때부터 아빠는 자신도 모르게 '나 같은 사람은 이상이 현실보다 앞서면 안 된다'고 스스로를 제어하며 성실함을 무기 삼아 대학 생활을 했다는구나. 그리고 졸업 후 바로 취직을 했다지.

아빠는 자기가 할 줄 아는 거라곤 성실하게 최선을 다하는 것뿐이라더구나. 그 점이 마음에 들어 아빠가 결혼 허락을 받으러 찾아왔을 때 할아버지는 자신의 인생은 스스로 책임지는 것이라며 바로 결혼을 승낙했단다.

엄마는 비교적 자유로운 환경에서 자랐단다. 할아버지는 엄마나 이모가 늘 스스로 판단하기를 원했지. 넉넉하지 않은 형편이었지만 합리적인 제안이나 요구를 하면 들어주었단다. 다행히 학원을 가겠다거나 과외를 시켜 달라는 것이 아니라서 웬만하면 다 들어주었던 것 같나.

엄마가 예술 대학에 가겠다고 할 때도 필요한 만큼 지원을 해 주었단다. 대학을 졸업한 다음에는 장비가 무거워 보여 차를 한 대 사 주었지. 그런데 대학을 졸업하고 바로 취업을 하겠다고 할 때 할아버지는 엄마를 말렸단다. 1년쯤 쉬면서 책을 읽으며 진로를 진지하게 고민해 보라고 충고하면서 "네가 벌어들이는 돈보다 그냥 그렇게 보내 버리는 청춘이 너무 값지다."라고 말해 주었지. 할아버지는 평생을 쉬지 못했거든.

그렇지만 엄마는 할아버지의 말뜻을 알아듣지 못하고 아르바이트생으로 취직을 하더구나. 처음에는 자신이 번 돈으로 생활하는 게 진짜 어른이 된 것 같기도 하고 좋았겠지. 그런데 금방 지쳐 가더구나. 월급이 제대로 나오지 않자 회사가 곧 망할 것 같다며 바로 그만두고 외국계 회사에 취업을 했단다. 연봉이 기대한 것 이상이었는데 딱 2년을 다니고 그만두더니 '자신만의 오솔길'을 찾겠다고 하더구나. 개성이 강해서 자신만의 표현 방식으로 소통하는 걸 좋아하던 엄마는 자신이 언제든 대체할 수 있는 부품이 되어 버린 걸 느꼈던 것이지. 그러고는 바로 유학길에 올랐단다. 스물일곱 살 때였지. 유학을 가서는 열심히 어학 공부를 했단다. 그러던 어느 날 지난 시절 자신이 방황한 이유를 깨달았단다. '나는 꿈이 없구나.'

엄마 아빠는 네가 직업을 갖기보다는 꿈꾸고 바라던 일을 하기를 원하더구나. 네가 조금 더 성장하면 함께 진로를 탐색해 볼 예정인데, 네가 어떤 꿈을 꿀지 무척 기대가 된다는구나. 얼마 전 엄마 아빠는 너의 적금 통장을 만들었다고 한다. 네가 스무 살이 될 때까지 열심히 모으면 적지 않을 금액이 쌓일 테지만 너에게 선택권을 주겠다고 하더라. 배낭여행 경비로 써도 좋고, 전공 외의 배움에 써도 좋고, 대학을 진학하지 않기로 했다면 직업을 갖는 데 필요한 비용으로 써도 좋다는구나. 흥청망청 쓴다고 해도 그것도 하나의 교훈이 된다면야 속은 쓰리지만 모른 척하겠단다. 너의 꿈이 선명해져서 현실에 더 가까워질 수 있는 시간이 되길 바랄 뿐이라더라.

엄마 아빠는 꿈이 있느냐 없느냐에 따라 삶을 살아가는 태도가 다르다는 걸 잘 알고 있단다. 모두에게 공평하게 주어지는 24시간도 같은 24시간이 아니라는 걸 아는 것이지. 엄마 아빠는 네가 확실한 꿈을 가지고 생각하고 행동하기를 바란단다. 그렇기 때문에 엄마 아빠는 너에게 꿈에는 아무런 제한이 없다는 것을 실천해 보여 주려고 한단다. 꿈을 찾기 위한 놀이터에서 너와 실컷 놀겠다고 하더구나. 인생에서 무엇보다 소중한 일이지.

할아버지도 다시 태어난다면 그런 삶을 살고 싶다. 누구에게나 가장 소중한 것은 자신의 인생이다. 죽을 때에 후회가 되더라도 다시 살아볼 수 없는 것이 인생이란다. 할아버지는 요즘 후회가 되는 일이 무척 많단다. 사람들은 성공했다고 말하지만 할아버지는 한 번도 그런 생각을 해 보지 않았단다. 물론 몇 가지 보람이 있기는 하지. 그러나 인생을 희생해서 얻은 것이라 너무나 아쉽단다.

네가 스무 살이 되면 인공 지능과 경쟁을 할지 모른다. 인공 지능은 지능 지수가 1만이란다. 정보를 저장하고 보관하고 이동하는 데에는 인간이 따라갈 수 없는 능력을 가지고 있는 셈이지. 인간의 지능 지수는 평균 100 정도인데, 100배나 똑똑한 인공 지능과는 경쟁이 되지 않을 거야. 그러니 우리는 인공 지능이 갖출 수 없는 능력을 길러야 한다. 인공 지능이 우리 삶에 깊숙이 침투하면서 인간의 삶은 완전히 달라졌다. 엄청난 변화는 이제 겨우 시작됐을 뿐이라서 앞으로 어디로 튈지 정확하게 아는 사람은 없단다. 다만 우리가 충분히 공감한 미래는 있단다. 뉴욕시립대학 대학원 캐시 데이비슨 교수가 '2011년 초등학교에 입학한 아이들의 65%는 대학 졸업 후 지금은 존재하지 않는 직업을 가지게 될 것'이라고 예측한 것이나 옥스퍼드대학 마이클 오스본 교수가 '앞으로 10년에서 20년 정도면 미국 고용자의 절반 정도가 하고 있는 일이 자동화될 가능성이 높다'고 한 예측 같은 것 말이다.

네가 어른이 되어 일을 시작할 때면 직업의 형태는 크게 변화할 거야. 직업 교육이 고등학교나 대학교 교육의 전부라고는 할 수 없지만, 변화하는 사회에 대응하는 힘을 익히는 것은 무척 중요하단다. 그래서 지금 학교 교육은 어려서부터 스스로 글을 읽어 내는 능력, 즉 리터러시 능력을 키우는 것을 최우선 정책으로 삼고 있단다.

인공 지능이 등장하면서 교육의 프레임부터 완전히 바뀌고 있다. 앞으로 인간은 인공 지능과 경쟁하기보다는 인공 지능을 비서로 두고 살아가게 될 것이라고 주장하는 이도 있지. 인공 지능으로 해결할 수 있는 일은 인공 지능에게 맡기면 된다는 것이다. 과학자 이정모는 '인공 지능이 별거냐'면서 '그저 기술에 불과하다'고 말하기도 했단다. 2차 산업혁명의 대표 기술인 세탁기와 4차 산업 혁명의 대표 기술인 인공 지능은 기술이라는 측면에서는 본질적으로 같은 것이니 우리는 그저 '인공 지능을 비서로 두면 그만'이라는 것이지. 철학자 김재인은 '인공 지능의 발전은 지금까지 인간이 해 오던 일과 지금 하고 있는 일을 빠르게 잠식할 것이 분명하다'며 그 대처법으로 '인공 지능이 할 수 없는 일을 하면 된다'고 했다. 그는 인공 지능이 계산과 관련된 일은 아주 잘한다고 여러 차례 말했는데, 알고리즘으로 짤 수 있는 일은 무조건 인공 지능의 차지가 될 거라고 하더구나. 그러면서 문제를 제기하는 일, 목표를 세우는 일, 즉 창조적인 일은 인공 지능의 몫이 아니라고 말했다.

　그러니 지식 중심형 또는 암기 중심형 학력으로는 경쟁에서 이겨 낼 수 없단다. 스마트폰으로 검색만 하면 1초 안에 정답이 튀어나오는 세상에서 좋은 대학을 나왔다는 학력은 아무 소용이 없다. 어쩌면 무용지물이 될지도 모른다. 이제는 돌출적으로 나타나는 문제들을 즉각 해결할 수 있는 사고력, 표현력, 판단력 등을 평상시에 키워야 하지. 그것이 바로 21세기형 학력이다. 그러니 암기만 시키는 학교 교육은 쓸모가 없게 될 거야. 앞으로 인간은 인공 지능이 할 수 없는 일을 할 수 있는 능력을 키워야 한다는 점을 꼭 기억하렴.

2부

너의 나무가 되어

상대편의 말을
귀담아듣는 마음

    요즘 부쩍 옹알이가 많이 늘었다는구나. 매일 먹고 자는 것만 반복하는 것 같았는데 키도 크고 몸무게도 눈에 띌 만큼 늘었고 무엇보다 다양한 소리를 내고 있다지. 낮에는 엄마와, 저녁에는 아빠와 지내고, 주말이나 공휴일에는 세 가족이 함께 지낸다니 할아버지는 네가 무척 부럽다.

    요즘 아빠는 육아를 '함께 하는' 수준이 아니라 '도맡아' 한다는구나. 쉬는 날에는 엄마가 수유하거나 기저귀를 갈아 준 적이 없을 정도라는데, 아빠가 육아에 적극적이다 보니 엄마에게 부탁을 많이 한다는구나. 그게 엄마에게는 잔소리같이 들리는 모양이야. 엄마는 시어머니도 아닌 시할머니 잔소리 같다고 볼멘소리로 투덜거리지만 아빠에게서 육아 스킬을 전수받는 입장이라 눈만 흘길 뿐이란다.

아빠는 매일 퇴근하자마자 엄마에게 너랑 옹알이를 하며 많이 놀아 주었냐고 묻는단다. 그럴 때마다 엄마는 으레 그렇다고 대답한다는데, 어제는 백수린 작가의 단편 소설 「시간의 궤적」 한 부분을 줄기차게 읽어 주었다고 해. 아빠가 그림책을 읽어 주면 잠을 자지 않고 열심히 듣기만 하던 네게 엄마가 네 수준에 맞지 않는 소설을 읽어 주었으니 너는 깊은 잠에 빠져들었겠지.

아빠는 엄마에게 이렇게 당부했단다. '눈을 마주치고 소리 없이 입을 움직이며 옹알이를 할 때까지 기다린다', '소리를 내면 입 모양을 따라 하며 최대한 같은 소리를 낸다', '옹알이 소리가 끝날 때 돌림노래처럼 따라 한다', '옹알이는 감정의 표현이자 놀이이고 언어 발달에 매우 중요하므로 틈틈이 자주 한다'.

우연일 수 있지만 너는 아빠와 함께 있을 때는 옹알이도 많이 하고 동작도 더 크게 하는 것 같다는구나. 엄마 앞에서는 미소를 짓는 것에 불과하다면 아빠 앞에서는 입을 크게 벌리고 소리 없이 웃는다거나 팔다리도 더 크게 버둥거린다고 해. 무엇보다 끊임없이 아빠를 쳐다봐서 아빠가 부담스러울 지경이라고 농담을 할 정도라지. 엄마 품 안에서는 눈을 감고 잠들거나 그림책이나 초점책을 바라보기만 한다는데 말이다.

할아버지가 보기에 아빠는 매우 활동적인 사람이지만 이야기를 하기보다는 듣기를 좋아하더구나. 할아버지는 말이 많은 사람이었단다. 그 버릇을 아직도 고치지 못하고 있는데, 요즘은 말을 많이 하지 않고 질문에 성심성의껏 답해 주려고 노력하고 있단다.

말을 미리 많이 해 버리면 상대로부터 말을 들을 기회가 없는 법이다. 할아버지는 평생을 새벽 두세 시에 일어나 아침까지 책을 읽거나 글을 쓰곤 했다. 요즘은 증조할머니와 함께 아침을 먹고 오전 10시쯤 출근한단다. 그러니 출근할 때쯤에는 이미 하루 여덟 시간 노동을 끝낸 셈이 되지.

매일 이렇게 생활하는 것은 아니지만 퇴근 무렵이 되면 편두통이 온 듯 머리가 아팠단다. 요즘은 증조할머니의 저녁상을 차려야 해서 되도록 일찍 귀가하려고 노력하지만 젊었을 때는 늘 술자리를 만들곤 했단다. 술자리에서는 늘 말이 많았지. 술을 마시며 혼자 떠들다가 밤 10시 무렵이면 곯아떨어지곤 했단다. 듣기만 하던 상대가 말을 좀 해 볼 참이면 할아버지는 이미 곯아떨어져서 말을 들어 줄 수가 없는 상태가 된 거지. 가까운 친구들은 할아버지가 거의 매일같이 스무 시간이나 깨어서 일을 한다는 것을 알고 있어 이해해 주었지만 모두가 그런 것은 아니란다. 나중에는 친구들도 지쳐서 모두 떠나가 버렸지.

그런 삶을 살다 보니 점점 외로워지더구나. 할아버지가 증조할머니를 모시면서부터는 술자리를 되도록 피하기도 했지만 이제는 거의 찾아오는 사람이 없단다. 그러니 요즘의 할아버지는 외진 산골짜기에서 혼자 과거를 추억하고 있는 한심한 사람이 된 것 같아 후회가 막심하다.

엄마 아빠는 너를 각자 다르게 대하는 모양이다. 너 역시 엄마 아빠를 마주할 때 차이를 보이는 것 같고. 아빠와는 조금 더 역동적이고 즐겁게, 엄마와는 정적이지만 평온하게 말이다. 어제저녁에 엄마는 네가 아빠와 옹알이를 하는 모습을 한참 동안 지켜보았다는구나. 입을 한껏 벌리고 모음 위주로 발음을 하다 보니 침도 새어 나오고 둘이 내는 소리가 우스꽝스러웠는데, 마치 서로 눈을 마주치면서 대화를 하는 것처럼 보였단다.

너는 아빠와 옹알이 놀이를 하는 내내 눈을 마주치며 소리를 주고받는다더구나. 아빠가 네 소리를 먼저 듣고 따라 하면 네가 또 소리를 내면서 따라 하고, 그렇게 소리가 순환되면서 재생산된다고 하더구나. 이런 방식으로 대화를 한다면 서로 언성을 높일 일도 오해가 쌓일 일도 없을 거야. 나이가 들수록 상대의 눈을 바라보면서 경청하기보다는 발언권을 선점하려 들고 자신이 하고 싶은 말만 하게 된단다. 그렇게 되면 결국 서로가 내는 소리는 순환하지 않고 어느 순간부터 꼬이게 되지. 어른들은 네가 아빠와 함께 하는 옹알이 놀이보다도 못한 대화를 하고 있단다. 할아버지도 반성하마. 그리고 할아버지도 너와 옹알이 놀이를 해 보고 싶구나. 다음에 만나면 기회를 주렴.

인간의 존엄성을
지키는 길

네가 외출을 시작할 때쯤에 엄마 아빠는 "위급 상황 시 아이 먼저 구해 주세요. 남아. A형."이라는 스티커를 주문했다는구나. 스티커를 주문하면서 엄마는 아빠에게 "혹시라도 만에 하나 한이와 나 둘 중 한 명만 구해야 하는 상황이 온다면 지체 없이 한이를 택해야 해! 알겠지?"라고 했다지. 그러자 아빠는 "무슨 쓸데없는 소리야. 그런 순간이 올 리도 없고, 온다고 해도 난 자기를 먼저 구할 거야. 자기가 세상에서 제일 소중해."라고 답했단다. 그렇다고 섭섭해하지 말아라. 아빠가 말은 그렇게 해도 절망적이고 위급한 순간이 온다면 엄마 아빠는 너를 위한 선택을 할 것을 암묵적으로 동의한 것이란다. 세상의 모든 부모는 그렇단다. 엄마가 할아버지에게 보낸 편지를 한번 읽어 보렴. 엄마가 너를 얼마나 애틋하게 생각하는지 알 수 있을 거야.

"남편이나 부모님이 들으면 서운해할지도 모르겠지만 한이를 낳고 나니 지금까지 한 번도 느끼지 못했던 감정을 느껴요. 지난 시간 참 힘들었던 기억을 단 한 번에 녹여 주는 위로, 아이의 들숨과 날숨이 나르는 삶의 온도. 엄마가 되었다는 책임감 덕분에 그간 방황하던 삶의 방향성은 명쾌해졌어요. 자식은 태어나자마자 존재만으로도 많은 것을 주는 것 같아요. 받은 게 많으니 모든 것을 자식에게 양보할 수 있는 것 같아요. 아이와 함께한 건 이제 고작 석 달에 불과하지만 아이에게 이미 많은 것을 양보한 것 같아요. 수면, 취미, 운동, 외출, 여가 등. 물론 평생 지금과 같지는 않겠지만 다른 방식으로 아이에게 기회를 제공하기 위해 저는 다른 걸 양보해야겠죠. 그렇지만 기쁜 마음으로 기꺼이 그러할 것이고, 저로서도 존재하기 위해 더 치열하게 노력해야겠죠.

오늘도 제 품 안에서 잠든 아이를 보며 사랑과 역동적인 삶을 느껴요. 투명한 아이의 눈동자를 보면 앞으로 이 안에 담길 수많은 풍경과 사람들의 모습은 어떨지 궁금해져요. 작은 자두만 한 보드라운 무릎을 보면 앞으로 수없이 넘어질 때마다 생길 생채기가 보이는 듯해 벌써 마음이 쓰려요. 완만한 곡선에 금빛 솜털로 덮여 있는 한 뼘 크기의 작은 어깨를 보며 앞으로 지닐 삶의 무게가 느껴져 미안한 마음이 들어요. 작은 완두콩 같은 발가락을 보면 이 연한 발로 어느 세상 속을 거닐지 설레면서도 너무 걷기만 해서 상흔 같은 굳은살이 많이 박이지는 않을까 벌써 걱정스러워요.

그렇지만 이건 단순히 엄마로서 제 개인의 감정에 불과해요. 아이는 거침없이 부모의 품 밖으로 나가야 하니까요. 아이가 독자적으로 살아갈 수 있도록 지도해야겠죠. 인생을 살아 볼 기회, 꿈을 꾸고 노력하고 실패하고 딛고 일어설 기회, 사랑을 느끼고 상실을 겪어 볼 기회, 새로운 곳으로 떠나 이방인이 되어 볼 기회, 견고한 편견의 벽을 뚫고 부숴 나가는 기회, 고난이 훗날엔 관문이었음을 느낄 기회 등.

아이에게는 수많은 기회가 주어져야 해요. 이건 기회라 기보다는 마땅히 누려야 할 권리라고 생각해요. 그렇지만 저나 남편이 아무리 노력을 해도 한계점은 분명 존재해요. 요즘 우리 사회는 당연히 누려야 할 기회와 권리조차 쉽게 박탈하는 기형적 구조이기 때문이에요. 철마다 휩쓸고 가는 메뚜기 떼 같은 정치인들이 세상을 쉽사리 바꿔 주지는 않을 것 같아요. 솔직히 나라와 정치에는 미래가 없다고 느껴져요. 이런 현상이 심화된다면 한이는 앞으로 어떻게 살아야 할까요?"

이 글은 엄마 아빠뿐만 아니라 세상의 모든 부모가 하는 생각이겠지. 아이를 사랑할수록 고민은 심각해지기 마련이란다. 세상의 패러다임이 완전히 달라지고 있기 때문이지. 할아버지가 이미 많은 일자리가 사라지고 있다고 한 걸 기억하지? 옛날에는 한번 선택한 직업이 적성에 맞지 않아 힘들어하면서도 평생 그 일만 한 사람들이 많았단다. 하지만 평생 직업은 점점 사라지고 있어. 한 조사 연구에 따르면 인간은 평생 동안 29가지에서 40가지의 직업을 갖게 될 것이라고 한다. 그러니 하나의 직업에 대한 공부만을 해서 세상에 나갔다가는 얼마 되지 않아서 후회를 할 수밖에 없지.

새로운 기술이 하나 등장하면 직업 하나가 완전히 사라지게 된다. 기술이 일자리를 빼앗는다고 해서 '테크놀로지 실업'이라는 말도 생겼지. 로봇 기술뿐만 아니라 고성능의 소프트웨어, 인공 지능, 사물 인터넷 등의 자동화를 추구하는 기술들은 일자리 하나를 순식간에 날려 버리기도 한단다.

한 예로, 인건비를 줄이고자 동남아로 공장을 이전했던 스포츠 브랜드 '아디다스'는 독일로 돌아간 뒤 스마트 팩토리 시스템을 도입해서 50만 켤레의 신발을 불과 열 명이 생산하고 있다고 해. 과거에는 600명이 있어야 가능했던 일이지. 이렇게 스마트 팩토리는 노동자의 인력 감축을 수반한다. 국내의 한 물류 회사는 서점과 출판사와 독자와 물류 회사를 연결하는 소프트웨어를 개발 중인데, 소프트웨어가 완성되면 할아버지는 스마트폰에서 주문을 승인하기만 하면 된단다. 그러면 책은 자동으로 배송되고 책 대금도 통장으로 받을 수 있어. 모든 판매 데이터를 실시간으로 확인할 수 있고, 은행 결제도 스마트폰으로 할 수 있으니 회계 직원을 따로 쓸 필요도 없지.

할아버지의 넷째 동생은 '팜에이트(Farm8)'에서 일하고 있단다. 채소를 재배해 대형 마트 등에 공급하는 이 회사는 벌써 스마트 팜을 통해 채소의 수급 안정성을 확보하고 있다는구나. 기후가 급변하면 채소를 제 시기에 공급하지 못해 손실이 많았는데 이제 그럴 염려가 없어진 거지. 씨를 뿌리고 물을 주고 온도를 맞추는 일을 모두 이동 선반처럼 생긴 로봇이 한다는데, 외부와 차단되어 있으니 농약을 뿌릴 필요도 없다고 해. 사람은 영양액을 보충해 주고, 재배하는 환경을 설정하는 일 말고는 할 일이 없단다.

기술 혁명의 위험성을 경고한 타일러 카우언은 '지금까지 중산층이 주로 일했던 직업은 피가 흐르는 인간이 아니라 기계나 소프트웨어가 담당하게 될 것'이라고 예견했다. 공장 노동에 한정된 이야기가 아니라 모든 직업에서 그렇단다. 카우언이 예상한 대로 곧 로봇이 강아지를 산책시키고 노인을 보살피게 되겠지. 카우언은 또 '기계와 함께 일할 수 있고, 기계를 발명할 수 있고, 기계에 관한 지적 재산을 소유하고, 기계의 산물을 세계의 소비자들에게 배달하는 사람들은 대단히 부유해질 것'이라며 '이들이 미래를 주도하는 신부유층이 될 것'이라고 말했다. 그렇다면 최소한 기계를 청소하는 방법이라도 알아야 살아남을 수 있겠지. 카우언은 '앞으로 저임금의 서비스업에 종사할 수밖에 없는 대부분의 젊은 남성들은 만족스러운 생계를 유지할 수 없게 될 것'이라고도 말했단다.

그런 미래가 부정적이기만 한 것은 아니란다. 카우언은 '테크놀로지가 진화해서 많은 분야에서 인간의 노동이 필요 없어진다면 우리들이 창조성과 시간을 더욱 자유롭게 활용할 수 있고 억압적인 상사에게 착취당하며 일할 필요가 없어질지 모른다'고 했다. 그러면서 '우리는 정말 그 변화의 덕을 볼 수 있을지, 앞으로 다가오는 것은 새로운 르네상스 시대일지, 아니면 빈곤에 허덕이는 시대일지'에 관한 물음을 던지며, '어쩌면 그 양면 모두가 현실이 될지도 모르겠다'고 했지.

할아버지는 몇 년 전부터 로봇과 차별화되는 인간의 능력부터 파악해야 한다고 주장했었다. 그러기 위해서는 인간에 대한 본원적인 이해가 필요한데, 바로 문학, 역사, 철학, 인류학, 고고학 등 인문학이 그것이란다. 이런 학문을 기술과 결합해 사유할 수 있어야 하니 과학도 절대 필요하지. 요즘 책을 많이 읽는 사람들은 인문학책보다 과학책이 더 재미있다고 하더구나. 물론 단순한 과학책이 아니라 인문학 지식을 과학과 결합한 책이란다. 지금은 인간의 뇌만 움직이면 되는 이성의 시대가 아니라 몸과 마음을 함께 움직여야 하는 감성의 시대라서 예술에 대한 깊이 있는 이해도 더욱 중요해졌지.

당장은 기계와 차별화되는 인간의 '존엄성'이라는 철학적 담론에 대한 천착이 필요하다. 독일의 철학자 페터 비에리는 『삶의 격』에서 인간이 존엄성을 지키며 살아가는 방법을 이야기했단다. 그는 한 인간의 존엄성이란 '주체로서의 자립성과 자신의 삶을 스스로 결정할 수 있는 능력'이라고 했다. 그런 능력을 제대로 찾아내려면 '남이 나를 어떻게 대하는가? 나는 남을 어떻게 대하는가? 나는 나에게 어떻게 대하는가?' 세 가지 물음에 대한 답변부터 찾아내야 한다고 했지. 한이가 어떤 답변을 찾을지 벌써부터 궁금하구나.

삶의 목표를 세우고
실천하는 일

아빠는 직업 군인이란다. 엄마에게 아빠를 소개한 이는 "육사 출신 아닌데 괜찮아?"라며 조심스럽게 물었단다. 엄마는 일병과 이등병 중 누가 더 계급이 높은지도 모를 정도로 군인에 대해서는 아는 게 없었던 터라 처음에는 무슨 뜻인지 몰랐던 모양이다. 그러다 나중에 '출신'과 '비출신'이라는 구분이 존재한다는 것을 알고 나서는 참 허망한 생각이 들더란다. 굳이 구분을 하자면 아빠는 '비출신'이란다. 그렇지만 엄마는 늘 아빠를 자랑스럽게 생각했단다. 누군가가 그어 놓은 '선'에 걸려 넘어지지 않고 묵묵히 자신의 길을 걸어왔으니 그렇지 않겠니.

엄마가 너를 임신하고 집에서 안정을 취할 때 일본어 방문 학습지를 공부했단다. 대학 시절 때 일본어 학원에 한 달 다니고 일본으로 여행을 떠나 혼자서 여기저기 다닌 적이 있었는데 그 기억이 좋았던지 일본어 공부를 시작하더구나. 그런데 하루는 집에 방문한 일본어 교사가 "남편분 계급이…… 대위?" 하며 묻더란다. 많고 많은 계급 중에서 딱 맞힌 게 신기해서 어떻게 알았느냐고 물었더니 "이 동이 징교 라인이잖아요. 나이대 보면 바로 알죠." 하더란다. 엄마는 그날 건물들에 '라인'이 있다는 걸 처음 알게 되었고, 같은 아파트 내의 누구와도 교류 없이 지내다 보니 '라인'도 모르고 살았다는 걸 깨달았단다. 아빠가 군 복무를 하는 이상 너도 언젠가는 이런 '라인'들을 자연스레 알게 되겠지. 커 갈수록 이런 선이 사회에 만연하다는 것도 알게 될 것이고, 출신과 비출신도 구분하게 될 거야. 그런데 '출신'이라는 이유만으로 부정적으로 볼 필요는 없단다. 한 개인이 목표를 세워 자신과의 싸움에서 얻어 낸 결과라면 인정해 줄 줄도 알아야지.

세상은 개인이 자기 안에서 고독하게 싸우도록 내버려 두기보다는 타인과 경쟁하도록 몰아붙이고 있다. 정당한 경쟁을 승자와 패자로 나뉘는 싸움으로 보는 건 잘못된 생각이야. 세상에는 선과 벽이 참 많단다. 눈에 보이는 벽은 차라리 허물기가 쉽다. 격파할 도구를 선택하기도 쉽지. 목표물이 정확해서 함께 힘을 모을 사람들도 구할 수가 있다. 허물고 남은 자리는 모두에게 상징적인 교훈이 되기도 한단다. 그렇지만 마음속에 자리 잡은 선과 벽은 허물기가 어렵단다. 어디서부터 어디까지인지 정확히 파악하기도 어렵지.

선을 그어 안과 밖을 나누는 것은 안전을 위해 보전하는 것이라기보다는 고립되는 것이란다. 선입견과 편견에 싸여 세상을 보는 건 광활한 대지에 서서 자신 주위의 흙을 야금야금 파먹는 것과 같아. 선이 깊어질수록 점차 고독한 섬이 되어 가는 것이지. 엄마 아빠는 네가 넓은 마음과 시야로 세상을 두루두루 바라보는 자유롭고 선(善)한 사람이 되기를 바란다며 '한(瀾)'으로 이름을 지었다는구나.

지금 세계는 온난화, 기아, 격차 등 전 인류가 함께 고민해야 할 문제가 많단다. 언어와 종교, 문화적 배경이 다를 경우 가치관도 다르고, 나라마다 경제 사정과 정치 상황이

제각각이어서 서로 이해가 일치하지 않는 경우가 많아. 배경도 사정도 다른 사람들이 대화를 나누고, 그 속에서 다양한 사고방식이 표출된다고 해도 최종적으로는 하나의 결론을 도출해 낼 필요가 있지.

180도 다른 의견이 동시에 존재한다 해도 서로가 납득할 수 있는 최적의 답을 끌어내야 해. 그것은 단순히 다양성을 추진하는 것보다 훨씬 높은 단계의 능력이란다. 이것이 '과제 해결을 위해 협력하여 일하는 힘'이지. 현재의 교육은 '다양한 생각을 받아들이는' 단계에 멈춰 있지만 앞으로는 과제 해결을 위해 협력하여 최적의 답을 이끌어 내려는 교육이 필요하단다. 그러기 위해서는 책을 함께 읽고 토론을 해야 해. 할아버지가 전에도 이야기했지. 함께 책을 읽고 토론하면 생각의 차이가 드러나는 법이고, 생각의 차이가 바로 상상력으로 이어진다고. 이 말을 잘 기억해 두렴.

삶의 미로 속에서
길 찾기

산후조리원이 천국이라고들 하는데 엄마는 절대로 그 말
에 동의하지 않더구나. 물론 매 끼니와 간식이 정시에 방으
로 배달되고 빨래와 청소도 다 해 주는 데다 아이까지 돌봐
주니 편리하긴 했단다. 그렇지만 수시로 모유 수유 콜이 오
고, 여러 교육 프로그램을 듣고 사이사이 회복 프로그램에
참가하다 보면 하루가 모자랄 정도였단다. 네가 세상에 나
오고 싶다는 신호를 보낸 시점부터 오랜 진통을 느끼다가
널 낳고 몸을 추스르며 산후조리원 생활을 하기까지 약 3주

동안 피로감이 상당히 쌓였었다는구나.

네가 집으로 온 날부터 고난이 시작되었다고 한다. 출산 휴가를 다 쓴 아빠는 다음 날부터 바로 출근을 해야 했고 이튿날은 당직이어서 엄마는 첫날부터 두세 시간에 한 번씩 깨는 너를 쉬지 않고 돌봐야 했단다. 아빠가 퇴근을 하고 와 교대를 해 주면 그때 잠깐 눈을 붙이고, 새벽부터 저녁까지 육아로 하루를 보냈다는구나.

하루는 그동안 쌓인 피로감이 너무 무거워 압사당하는 기분까지 들었다는 말에 할아버지는 마음이 아팠단다. 그날은 새벽 내내 우는 너를 달래는데, 얼굴이 새빨갛게 달아올라 악을 쓰고 우는 너를 보다 못해 그만 "왜! 왜!" 소리를 지르고 말았다는구나. 그러고는 너를 안고 엉엉 울어 버렸다지. 조금만 신경을 썼으면 제때 수유를 못 해 울었다는 걸 알아챘을 텐데 참지 못하고 화를 내 버려서 너에게 너무 미안했다고 하는구나. 엄마는 많이 힘들었을 텐데도 한이의 입장에서 정리한 글을 할아버지에게 보내 주었단다.

"한이는 출산 외상을 겪는 중이었어요. 엄마의 양수 속에서 안정적이고 평화롭게 잘 지내고 있다 갑자기 세상 밖으로 나왔어요. 한이는 너무 불안하고 두렵고 고통스러운 상태였어요. 엄마 배 속의 환경과는 너무 다른 곳에 적응해야 하는데 혼자서는 아무것도 할 수 없는 존재예요. 혼자 잠에 들지도 음식물을 섭취하지도 못하는데 100일까지 키는 10~15센티미터 더 자라야 하고 몸무게는 2배 이상 늘어야 살 수 있어요. 많이 먹고 자는 일을 반복해야 해요. 수시로 공복감을 느껴요. 포만감이 들어야 기분도 좋고 잠도 들 수 있는데 정해진 시간에 맞춰 수유를 해 주니까 견뎌야 하는 공복감이 너무 힘들어요. 밤에는 성장 호르몬이 나와 뼈가 늘어나 아파요. 한 자세로만 누워 있으면 몸이 배기고 아파서 엄마 아빠가 수시로 자세를 바꿔 줘야 해요. 양수 속에 있을 때에는 온몸을 누가 꼭 안아 주듯이 안정감이 있었는데 바깥은 그렇지가 않아요. 그래서 엄마 아빠가 안아 줄 때 가장 안정감을 느끼는데 엄마 아빠는 잠든 것 같은 한이를 볼 때마다 내려놓으려고 해요. 엄마 아빠 품에 있다가 침대에 눕는 건 높은 곳에서 떨어지는 느낌과 비슷해요. 무서워서 눈물이 나려는데 엄마 아빠는 재우는 데 실패했다고 또다시 시도하려고 해요."

엄마는 네가 고군분투 중인 걸 알았음에도 순간 자신의 피곤함을 못 이기고 화를 내보인 게 매우 부끄럽다고 했다. 가끔 잠든 너를 보면서 그날의 부끄러운 감정을 떠올리며 다시는 실수하지 말자고 되새기곤 했다는구나.

이 세상에 자의로 태어난 사람은 없단다. 엄마 아빠는 자의로 가정을 꾸렸고, 자신들이 원해서 너를 낳았단다. 아무리 체력적으로 힘들다 해도 너만큼 힘들지는 않겠지. 가끔씩 엄마 아빠는 인내심의 한계를 느낀다는데, 그럴 때마다 이렇게 다짐한다는구나.

"앞으로 무슨 일이 있든 한이 이름 뒤에 '때문에'를 붙이지 말자! 정 붙일 일이 있으면 '로 인해서'를 붙이고, 최대한 '덕분에'를 붙일 수 있게 노력하자! 한이가 우리한테 낳아 달라고 한 것도 아니잖아. 그런데 우리가 너 때문에 이렇게 힘들어, 너 때문에 내가 정말 고생이 많았어, 이런 소리를 하면 얼마나 황당하겠어!"

'때문에'를 지운 순간부터 육아가 좀 수월해지고 여유도 생겼다는구나. 그리고 '덕분에'만 생각하니 네 덕분에 열린 따뜻한 세상 속에서 얼마나 큰 위안을 받는지 모르겠단다.

세상의 모든 부모는 자식을 사랑한단다. 자식을 위해 모든 것을 바칠 준비가 되어 있지. 그러니 너는 아무리 힘들어도 엄마 아빠를 원망하지 말거라.

2000년 무렵 세상은 아날로그 세상에서 디지털 세상으로 빠르게 변해 갔다. 그때 엄청나게 팔려 나간 책이 스펜서 존슨의 『누가 내 치즈를 옮겼을까?』란다. 책 속에는 생쥐 스니프와 스커리, 꼬마 인간 헴과 허가 등장하는데 네 주인공은 미로 속에 숨어 있는 치즈를 찾는단다. 여기서 미로란 치즈를 추구하는 장소를 의미하는데, 회사, 가정, 지역 사회, 또는 우리 삶에 등장하는 어떤 관계를 말한다. 치즈란 우리가 생활 속에서 얻고자 하는 직업, 인간관계, 재물, 근사한 저택, 자유, 건강, 명예, 영적인 평화, 그리고 조깅이나 골프 같은 취미 활동까지를 모두 아우르는 개념이지.

스니프는 기회에 매우 강하고, 스커리는 행동이 빨랐단다. 헴은 아무리 배가 고파도 누군가가 새로운 치즈를 가져다주기를 기다리는 완고한 보수주의자였고, 허는 현실을 받아들이고 변화의 파도를 타기 위해 새 치즈를 찾으러 나서지. 저자는 이들이 치즈에 접근하는 방법을 이야기하면서 독자에게 '당신은 어떤가'를 묻고 있단다. 너는 그런 상황이라면 어떤 선택을 하겠니?

외환 위기 이후 명예퇴직 제도가 공식적으로 도입되었을 때 기업의 CEO들이 이 책을 입에 침이 마르도록 추천했단다. 변화를 두려워하지 말고 변화를 먼저 감지하고 적응해서 행복을 찾으라는 이 책은 신입 사원들의 필독서로 불리며 엄청난 인기를 얻었지.

하지만 할아버지는 이 책을 좋게 보지 않았다. 책의 논리를 현실에 대입하면서 비판하는 글을 쓰기도 했다. 20년 동안 일하던 회사에서 하루아침에 쫓겨난 직장인이 어떻게 해야겠니? 이 책의 논리대로라면 머뭇거림 없이 변화를 빨리 수용하고 새로운 미로를 찾아 나서야겠지. 그 길만이 행복을 빨리 잡을 수 있는 지름길이라고 하니 말이다. 부당 해고에 저항해서는 안 된단다. 그것은 '멍청한' 헴처럼 행동하는 꼴로 바보 같은 인간이나 하는 짓이라고 하니 말이다. 왜냐하면 미로(악덕 기업주)는 결코 변하지 않을 것이므로 자신이 변하지 않는 한 달라지는 것은 없기 때문이란다. 그야말로 철저한 환경 순응의 철학을 심어 주려는 음흉한 논리가 숨어 있다고 본 것이지.

인간은 환경의 동물이다. 환경 변화에 빨리 순응할 수도 있지만 변혁할 수도 있단다. 동물은 주어진 환경에 철저하게 순응하면서 살아가지만 인간은 주어진 환경이 옳지 않다면 환경을 변혁하여 살아가는 지혜와 힘을 갖고 있지. 인간은 불의에 저항할 수 있을 때에만 인간인 법이다. 노동의 유연성을 키운다는 명목으로 언제든 자기가 하고 싶은 대로 하려 드는 부당한 자본가에게 정당한 저항을 할 줄 알아야 한다. 부당 해고에도 "고맙습니다. 저는 새 직장을 찾아보겠습니다." 하고 물러선다면 동물보다 못한 인간일 뿐이지.

인류 5천 년 역사에서 인간이 새로운 테크놀로지에 완전히 투항한 적은 한 번도 없었다. 언제나 기술의 혁신을 수용해 새로운 가능성을 찾아냈단다. 디지털 기술이 등장했을 때에도 그 기술을 수용해 자기 능력을 업그레이드하려고 노력했지. 너도 엄마 배 속에서 나오자마자 세상에서 살아남기 위해 고군분투하고 있지 않니.

앞으로 엄마 아빠가 너에게 섭섭한 말이나 행동을 하더라도 한 번 더 깊게 생각해 보아라. 그러면 엄마 아빠가 비록 실수를 했더라도 그 이면에는 너를 사랑하는 마음이 깊게 배어 있다는 것을 알게 될 거야.

부모와
자식 간의 신뢰

엄마 아빠가 결혼을 하겠다고 찾아왔을 때 할아버지는 단 한 마디만 했단다.

"내가 허락할 자격이 어디 있겠니. 오늘 결혼했다가 내일 헤어져도 나는 뭐라고 하지 않을 거야. 그러니 각자의 인생에 최선을 다하길 바란다."

세상에는 자식을 위한다며 자식을 자기 마음대로 하려는

부모가 있단다. 결혼을 반대하는 부모와 연을 끊고 지내는 자식도 있지. 드라마에서나 볼 법한 일이 엄마 아빠 지인에게도 일어났다는구나. 엄마 아빠는 너를 낳기 전에는 주위 시선 신경 쓰지 말고 두 사람만 행복하게 살면 된다고 생각했다는구나. 그런데 네가 태어난 뒤로는 그 두 사람이 모든 걸 포기할 만큼 대단한 사랑을 한 것으로 보이기는커녕 다른 장면들이 스쳐 지나가더란다. 자식이 선택한 배우자를 이런저런 이유를 대며 반대하는 부모와 그런 부모를 설득하기를 포기하고 의절하는 자식 간의 양보 없는 팽팽한 싸움의 순간들 말이다. 그중에서도 자식의 선택을 존중하지 않는 부모의 모습이 가장 선명하게 보였다는구나.

엄마는 부모가 자식의 배우자마저 좌지우지하고 자식이 그 결정을 따르는 삶은 부모와 자식이 서로를 존중할지언정 각자의 삶은 존중하지 않는 것이라면서 그 이유를 다음과 같이 설명하더구나.

"슬프게도 당시의 옳은 결정이 훗날에도 옳은 결정으로 남는 일은 많지 않으니까요. 훗날의 '합격' 여부는 매일을 성실히 살아가는 태도가 당락을 지어 주기 때문이에요. 부모가 자식의 삶을 '침범'하는 일이 꼭 사랑과 결혼 문제가 아니어도 교우 관계, 진학, 취업 등등 인생 전반에서 한 개인이 온전히 살아 내야 하는 영역에까지 뻗는 걸 자주 보아요. (부모 자식 관계뿐만 아니라 직장 상사와 부하 직원 사이에서, 스승과 제자의 사이에서, 선배와 후배의 사이에서도요.) 만약 자신이 길러 낸 자식이 혼자서 판단과 결정을 하지 못하고 부모의 의견을 어둠 속 불빛 삼아 인생을 살아간다면 그 부모는 실패한 것이라고 생각해요. 아이는 독자적으로 인생을 살아 나갈 권리와 의무가 있는 타인이니까요.

부모는 자식에게 자신의 생각을 말할 수 있는 자유가 있어요. 만약 그간 쌓아 온 부모와 자식의 신뢰 관계가 탄탄하다면 기꺼이 온 마음으로 조언과 충고를 들을 것이고, 그렇지 않다면 잔소리로 치부하고 흘려 버릴 거예요. 그다음에 부모는 자식이 당신들의 의견을 삶에 대입하는지 아닌지에 따라 자신이 존중받는지 아닌지 확인하려고 하면 안 돼요. 그건 집착이니까요. 부모가 발언권을 가졌다고 해서 결정권까지 가진 건 아니기 때문이죠."

엄마는 두 사람의 사랑보다는 부모와 자식의 신뢰 관계에 초점을 맞추어 이야기를 들었다는구나. 그리고 곁에 있는 너를 보며 엄마로서의 역할에 대해 많은 고민을 하게 되었단다. 이야기를 들어 보니 엄마는 비로소 본격적인 부모의 세계에 뛰어든 셈이더구나.

너는 아직 어려서 아빠의 품에 캥거루처럼 안겨 있지만 언젠가는 엄마 아빠의 곁을 떠나 혼자가 되는 시기가 오겠지. 요즘에는 혼자 사는 사람이 무척 많단다. 혼자 밥 먹는 '혼밥족', 혼자 술을 마시는 '혼술족' 등 '혼자' 즐기는 문화가 대세란다.

스마트폰 하나만 있으면 전 세계와 연결될 수 있는 시대이기 때문에 가족이라 해서 반드시 함께 살아야 하는 것은 아니야. 따로 살더라도 소셜 미디어로 연결되어 있기만 하면 과거보다 더 화목한 가족이 될 수도 있단다.

할아버지는 가족도 다른 삶을 살아가다가 어느 순간 잠시 뭉치는 존재에 불과하다면서 그것을 '네트워크 가족'이라고 불렀단다. 혈연관계가 아닌 사람들도 얼마든지 네트워크 가족이 될 수 있고, 공통의 관심을 가진 개인들이 디지털 기술을 이용한 새로운 커뮤니케이션을 통해 새로운 가족을 만들어 내고 소셜 미디어로 연결된 친구나 이웃과 소통하면 가족처럼 잘 지낼 수 있다는 말이지. 결론적으로 '이제 혈연이 가족의 장점도 단점도 되지 않는 시대'가 되었다고 볼 수 있단다.

우에노 치즈코는 『누구나 혼자인 시대의 죽음』에서 '결혼을 하든 안 하든 누구나 혼자가 된다'고 말했다. 언젠가는 혼자가 될 수밖에 없는 개인은 '돈 부자보다 사람 부자'가 되어야 한다며 평상시에 꾸준히 우정과 신뢰를 쌓아서 자신만의 네트워크를 만들라고 충고했지. 인간관계는 하늘에서 뚝 떨어지는 게 아니어서 평상시에 꾸준히 노력해야만 한다.

엄마 아빠와 함께
글 쓰기

　아빠는 네 친할아버지가 좋아하는 감이 마트에 진열된 것만 보아도 코끝이 시큰거린다는구나. 아버지가 돌아가시는 것을 하늘이 무너진다고 해서 '천붕'이라고 한단다. 친할아버지가 돌아가신 날 엄마 아빠는 서둘러 전주로 내려갔지. 할아버지도 문상을 하고 발인까지 지켜보았지만 강연이 있어 장지까지 가 보지 못한 것이 죄송했단다. 가족분들은 엄마에게 웨딩드레스를 입기 전에 상복을 입어서 어쩌냐며 미안해했다는데 엄마는 아빠의 슬픔을 나눌 수 없어 오히려 마음이 아팠다고 하더구나.

아빠는 슬퍼할 겨를조차 없었다고 한다. 2남 1녀 중 장남이어서 슬픔에 빠진 다른 가족들을 대신해서 할 일이 많았단다. 장례 절차부터 문상객 맞이, 그리고 사망 신고까지. 엄마는 입관식 때 말고는 아빠가 우는 모습을 못 봤다는구나. 쉽사리 물을 수도 없어서 엄마는 그저 묵묵히 곁에 있기만 했지.

요즘 부쩍 아빠가 친할아버지 이야기를 자주 한다고 하는구나. 돌아가신 뒤 처음엔 하루에도 수십 번씩 나던 생각이 하루에 한두 번이 되더니 일주일에 한 번으로 줄었는데 요즘은 자주 생각이 난다면서 말이다. 특히 운전을 할 때 여러 추억이 떠오르는데 그때마다 아버지가 참 외로우셨을 것 같다는 생각에 마음이 너무 아프더란다. 죄송한 기억도 많다고 하기에 엄마가 어떤 기억이 제일 죄송하냐고 물어봤단다.

"방학 때마다 집에 도착해 문을 열고 들어가면 아버지 첫 마디가 '밥은 먹었냐?'였어. 안 먹었다고 하면 집 앞에 있는 불고깃집에 데려가서 고기랑 밥이랑 국수까지 다 시켜 주셨어. 내가 워낙 먹성이 좋으니까 혼자 신나게 먹고 있으면 아버지는 묵묵히 내가 먹는 걸 지켜만 보셨지. 같이 드시지도 않고 막걸리를 마시면서 나만 보시더라고. 나는 아무 말씀 없는 아버지 앞에서 혼자 밥을 먹는 게 불편하기도 하고, 오랜만에 보는데 잘 지냈는지 묻지도 않는 게 서운했던 것 같아. 가뜩이나 힘든데 말할 기회도 안 주니까 투정도 못 부리잖아. 그리고 이른 아침에 아버지가 날 꼭 깨워서 당신이 일하는 데에 데려가셨어. 오랜만에 집에 온 김에 밀린 잠 좀 자려고 했던 터라 아버지랑 나가는 게 그렇게 싫더라고. 너무 피곤하고 귀찮아서. 그때 아버지는 막걸리를 만들어서 직접 배달까지 하셨는데, 막걸리 상자가 엄청 무거워. 그걸 드는 둥 마는 둥 하며 뚱해 가지고 따라다녔는데 아버지는 한 번도 싫은 소리 안 하시고 묵묵히 일만 하셨어. 아버지가 운전을 하시는데 조수석에 앉아 잠든 척한 적도 많아. 지금 와서 생각하면 그 순간들이 제일 죄송해. 너무 죄송해서 뭐라고 말이 안 나올 정도야. 내가 아들이 생기고 아빠가 되니까 그때 아버지가 왜 나를 그렇게라도 밥을 먹이고 데리고 다니셨는지 알 것 같아."

아빠가 제일 아쉬운 건 아버지와 대화를 많이 나누지 못한 거라고 하더란다. 어릴 땐 아버지가 무서워서 대화를 꺼렸고, 나이가 들어서는 걱정한답시고 아버지에게 잔소리만 했기 때문에 아버지가 어떤 마음으로 사셨는지, 어떤 추억이 있으셨는지 모르겠다고 했다는구나. 만약 알았다면 더 많이 기억할 수 있을 텐데.

"늘 말씀이 없으셔서 그때는 몰랐던 아버지의 이야기가 참 슬프게도 아버지가 돌아가시고 나니까 그제야 들리더라고. 근데 이제는 내가 대답을 드릴 수가 없네. 나는 정말 한이와 대화를 많이 나눌 거야. 그리고 오래오래 곁에 있어 주고 싶어"

그래서인지 아빠는 너에게 유난히 많은 이야기를 해 준다는구나. 임신 동안에도 코 골고 자는 엄마의 배를 문지르며 태담을 건넸고, 네가 태어난 뒤에는 품에 안고서 하루 일과를 말해 주었다는구나. 책도 읽어 주고 노래도 불러 주면서 너와 함께 있는 순간에는 항상 많은 교감을 하려고 애를 쓴단다.

너는 참 좋겠구나. 자상한 아빠가 있어서. 사랑은 위에서 아래로 흐르는 법이란다. 아빠는 친할아버지에 대한 기억 때문에 너에게 더욱 잘하려고 노력하는 거란다. 현재를 잘 살아가는 것이 과거의 아픔을 치유하는 좋은 방법이기도 하지.

사람은 누구나 죽는다. 그러나 사람이 갑자기 죽으면 남은 사람이 더 걱정일 때가 있지. 할아버지 후배 중에 오로지 책을 읽고 서평을 쓰는 일만 꾸준히 해 온 후배가 있었는데, 뇌종양을 앓다가 젊은 나이에 세상을 떠났단다. 할아버지가 후배를 위해 할 수 있는 일은 많지 않았지. 그동안 후배가 펴냈던 책을 한 권으로 묶어서 다시 펴낸 정도였는데, 후배가 자신의 아내가 자기보다 글을 더 잘 쓴다고 했던 말이 떠올라 후배의 아내에게 잡지 연재를 제안했단다. 먼저 세상을 뜬 남편 원망도 하고 자신의 삶도 이야기하고, 아이들 이야기도 맘껏 해 보라고 권했지.

그렇게 해서 나온 책이 『남편의 서가』이고, 아이들과 함께 책을 읽으며 쓴 글이 『아빠의 서재』란다. 이 책에는 아빠를 향한 그리움과 미안한 마음이 솔직하게 드러나 있단다. 글을 쓰는 행위 자체가 아이들의 내면을 확인하는 것이자 아빠의 빈자리를 채우는 것이었지. 함께 글을 쓰면서 가족끼리의 연대가 더욱 굳건해진 건 당연한 결과였고.

너도 엄마 아빠와 함께 글을 써 보지 않겠니? 책을 읽고 독후감을 써도 좋고 함께 놀러가서 느낀 소감을 써도 좋단다. 네가 먼저 글을 쓰고 엄마 아빠가 이어서 써도 좋겠지. 좋은 추억이 될 거란다. 그러면 아빠처럼 나중에 후회하는 일도 없을 테지.

할아버지는 박성우 시인의 딸이 아빠와 함께 걷고, 보고, 듣고, 느낀 순간들을 기록한 『아빠, 오늘은 뭐 하고 놀까?』라는 책도 펴냈단다. 박성우 시인의 딸은 열 살이 될 무렵부터 아빠와 여행을 다니며 경험한 것들을 글로 쓰고 그림을 그리기 시작했다는구나. 박성우 시인은 그 순간을 사진으로 남기고 딸과 많은 대화를 나누었단다. 책에는 그 기록이 그대로 담겨 있지. 네 글과 그림에 엄마 아빠, 그리고 할아버지의 자리도 있다면 좋겠구나.

받은 만큼
베푸는 삶

아빠가 하루는 네가 머리숱이 별로 없는 것 같다고 했다가 엄마에게 핀잔을 들었다는구나. 아빠는 그냥 지나가는 말로 한 것인데 "무슨 소리야. 머리숱 많기만 한데 뭘!"이라며 쏘아붙이더란다. 머리숱이 많고 적음의 기준은 상대적인 것인데 별것도 아닌 사소한 말에 엄마가 예민하게 반응했던 모양이야. 그때 엄마는 초등학교 교사인 지인에게 들은 이야기가 생각났다는구나. 주의력 결핍 장애 증상을 보이는 아이들의 학부모와 상담을 하며 검사를 받아 보라고 조심스레 권유하면 백이면 백 모두가 "우리 아이가 집에서는 안 그래요." 하며 부정하더란다. 단호한 어투로 정색을 하며 말하기에 말도 제대로 꺼내지 못하는 경우도 많단다. 이렇게 아이를 객관적으로 보지 못하는 부모 때문에 경미한 증세의 아이들이 방치 아닌 방치를 당해서 증상이 심해지는 경우가 종종 있다는구나.

사실 부모가 자식을 객관적인 시선으로 보기는 쉽지 않단다. 부모 눈에는 자기 아이가 제일 소중하고 예쁜 법이지. 아이를 끔찍이 사랑한다고 말하면서 있는 그대로의 아이를 제대로 못 보는 아이러니라고나 할까?

요즘 엄마들 사이에서는 '자존감'이 화두가 되고 있단다. 자존감은 말 그대로 '자신을 존중하고 사랑하는 마음'을 말하는데, 모든 행동의 근원이자 인생에서 성공하는 데 꼭 필요한 핵심 요소 중 하나로 꼽히지. 자존감은 리더십, 학업 성취 능력, 의사소통 능력, 문제 해결 능력 등에 큰 영향을 미친단다.

엄마도 너를 자존감이 높은 아이로 키우기 위해 벌써부터 다양한 정보를 찾아보고 공부하고 있다는구나. 유튜브에 검색을 해 보면 '자존감 높은 아이로 키우는 방법'에 대한 비디오 클립이 넘쳐난다더라. EBS 다큐멘터리 「아이의 사생활 3부—자아 존중감」에 따르면 아이를 기를 때 바람직하지 않은 두 가지 태도가 있단다. 하나는 부모의 뜻대로 아이를 몰아가는 것이고, 다른 하나는 아이가 하고 싶은 대로 무조건 내버려 두는 것이란다. 아이는 늘 틀리는 게 자연스러운 존재인데 틀린 걸 강압적으로 교정하면 아이가 무력감을 느끼고, 아이의 기를 살려 주기 위해 과도한 칭찬을 하는 것 역시 비현실적인 자아상을 키워 준다는구나.

다큐멘터리를 보고서 엄마는 아이에게 자존감을 길러 주기 위해서는 무엇보다 아이를 있는 그대로 바라보는 것이 중요하다는 걸 깨달았다고 한다. 아이는 부모가 자신을 어떻게 대하느냐에 따라 자신에 대한 개념을 만들어 가는데, 예를 들어 엄마가 아이를 대할 때 항상 웃고 애정이 가득한 표정을 지으면 아이는 그것을 보고 마치 거울을 보듯이 자신이 누구인지를 정의하게 되는 것이지. 자존감은 이런 식으로 만들어지니 순수한 애정만으로도 충분하다는 설명을 듣고 보니 저절로 고개가 끄덕여지더란다.

이 얘기를 듣고서 할아버지는 문득 엄마가 중학교 3학년 때 일이 떠올랐단다. 하루는 엄마가 친구와 함께 할아버지

사무실로 찾아와서는 전학을 시켜 달라고 하더구나. 알았다고 하고 돌려보내고 나서 자초지종을 알아보았더니 학교에서 힘든 일을 겪은 모양이었다.

할아버지는 가슴이 많이 아팠단다. 어린 딸이 그 고통을 겪고 있었는데 어떻게 몰랐을까. 그때 할아버지는 회사에 사표를 내고 사무실을 차렸을 때라 일에 미쳐 있었다. 오직 살아남아야 한다는 마음 하나로 책을 읽고 글을 썼단다. 내가 무너지면 가족도 잃고 나 자신뿐만 아니라 모든 것을 잃는다는 생각뿐이었고, 모든 일을 혼자 결정했었지. 그러나 그게 잘못된 생각이라는 걸 나중에 깨달았단다. 그때 가족과 상의를 했더라면 지금 이렇게 외롭게 살지 않았을지도 모른다. 가족과 상의하지 않는 독불장군식의 결정이 결국 할아버지의 인생을 바꿔 놓은 셈이지. 그때 엄마가 할아버지에게 고민을 털어놓지 않았다면 어떻게 되었을까? 너도 힘든 일을 겪을 때마다 엄마 아빠에게 털어놓으렴.

인간에게 스스로 일어서는 것은 중요한 일이지만 넘어졌을 때 손을 잡아 주는 누군가가 필요할 때도 있단다. 할아버지 인생에도 힘들 때 손을 내밀어 준 사람이 많았다. 하지만 그분들에게 진 빚을 제대로 갚지 못했단다. 할아버지는 열심히 사는 것만이 그분들에게 빚을 갚는 것이라고 생각한다. 그리고 도움이 필요한 사람에게는 기꺼이 도움을 주려고 한다. 내가 받은 만큼 남에게 베풀어야 공평한 세상이 되지 않겠니?

고독을
즐기는 방법

    날마다 네 사진을 보내던 엄마가 한번은 책 사진을 보냈더구나. 이유를 물었더니 요즘 종종 외로움을 느낀다더라. 세상에서 가장 사랑하는 존재인 너와 하루 24시간을 같이 보내고, 세상에서 가장 든든한 지원군인 아빠가 있는데도 외롭다니, 할아버지는 잠깐 당황했단다.

    엄마는 요즘 책 한 권을 평균 나흘에 걸쳐 읽는다는구나. 그것도 겨우 터득한 요령 덕분이라지. 너에게 수유를 할 때 독서대에 책을 올려놓고 초승달 모양의 수유 쿠션을 배에

두른 다음 그 위에 너를 눕히고 나서 한 장 한 장 읽는다더라. 한 번 수유하는 데 20분 정도 걸린다는데 그 짧은 시간을 눈물겹게 모아서 책을 읽는다는 얘기를 듣고 할아버지는 무척 감동했단다.

엄마는 '자신만의 시간 갖기'는 하늘의 별 따기라는 친구들의 이야기를 실감했다고 한다. 사실 그건 오로지 아이만 생각하는 마음 때문일 거야. 홀로 있어도 아이 생각을 떨쳐 낼 수 없었겠지. 그래도 그 덕에 엄마는 자신이 느낀 외로움의 근원이 뭔지 깨달았다고 하는구나. 온전한 나만의 시간을 갖지 못한 공백기에 외로움이 들어찼다는 것을 말이야. 엄마는 신이 과거로 되돌아갈 수 있는 기회를 준다고 해도 네가 없는 세상으로는 돌아가고 싶지 않다고 하더구나. 하지만 그런 엄마에게도 자신만의 삶을 즐길 시간이 필요하단다.

엄마가 프랑스에서 공부를 하고 돌아왔을 때 일이다. 엄마가 서른한 살 때였는데, 할아버지에게 그 나이 때 무슨 일을 했느냐고 묻더구나. 할아버지는 그 나이에 두 아이의 아빠였지. 회사에서는 영업 책임을 맡고 있었는데, 해마다 베스트셀러가 터져 30대를 정신없이 보냈단다. 할아버지의 이야기를 듣고 엄마는 서른한 살이 됐는데도 아직 아무것도 시작하지 못했다고 한탄하더구나.

그날 할아버지는 엄마에게 아직도 늦지 않았다고, 무엇을 할 것인지 꿈은 찾았으니 다행이 아니냐고 말했단다. 그리고 앞으로 그 꿈에 대한 책을 100권만 읽으라고 했지. 이건 어려운 일이 아니야. 할아버지가 늘 하는 말인데, 1주일에 한 권씩만 읽어도 1년에 50권은 읽을 수 있단다. 그러니 2년이면 충분한 일이지. 엄마는 할아버지 말대로 늘 책을 읽으며 지냈단다. 그러던 중에 아빠를 만난 거지.

엄마가 말한 외로움은 어쩌면 고독을 즐기지 못해 생긴 병인 것 같다. 독일의 철학자 파울 틸리히는 외로움이란 '혼자 있는 고통을 표현하기 위한 말'이고, 고독이란 '혼자 있는 즐거움을 표현하기 위한 말'이라고 했다. 아마도 네 엄마의 외로움은 고독인 것 같구나. 고독을 즐기는 데에는 독서만 한 것이 없다. 너도 자라면서 고독을 즐겨 보아라. 그리고 언제든 짧은 시간이라도 마련해서 책을 읽으렴. 너에게 수유하는 짧은 시간을 눈물겹게 모아서 책을 읽는 엄마처럼 말이다.

할아버지가 내세울 만한 유일한 재주는 책을 꾸준히 읽는 것이다. 적어도 하루에 한 권은 읽으려고 노력한단다. 그 덕분에 지금까지 버틸 수 있었던 거지. 할아버지는 어려서부터 생활비를 버느라 책을 읽을 기회를 놓친 것이 두고두고 한이 된다. 그때 책을 열심히 읽었다면 이렇게 힘들게 살지 않았을 것이라는 생각에 가끔 한탄하기도 해. 사람은 제 나이에 반드시 읽어야 할 책이 있다. 할아버지는 네가 언제나 책을 가까이 하는 사람이 되기를 바란다. 엄마 아빠가 책을 좋아하는 사람들이니 크게 걱정은 하지 않는다만, 이 말만큼은 꼭 명심하거라.

초연결 시대의
'읽기'와 '쓰기'

네가 먹는 분유가 오스트리아에서 온다는 걸 알고 있니? 외국 제품이라고 해도 일주일 정도면 받아 볼 수 있단다. 요즘에는 같은 종류의 물건을 비교해 가며 품질이나 가격을 꼼꼼히 따져 보고 양질의 물건을 직접 구매하는 사람이 늘고 있지. 이런 시장의 변화는 소비자들이 질 좋고 합리적인 가격대의 제품을 만날 수 있는 긍정적인 효과가 있단다. 선택의 폭 또한 국내와 국외로 한없이 넓어지고 있지. 원하는 브랜드를 찾아서 스마트폰으로 몇 번 두드리고 주소만 입력하면 되니 시간과 체력을 낭비할 필요가 없어. 외국 물건을 구입할 때도 굳이 수입 업체나 유통 회사를 거치지 않아도 되고, 외국어로 된 제품 설명서도 블로거나 유튜버의 리뷰를 검색하거나 번역 애플리케이션을 이용하면 되지. 이제는 인터넷이 가능한 스마트폰만 있다면 무엇이든 얻을 수 있는 세상이다.

할아버지는 10여 년 전에 앞으로는 손에 손을 맞잡고 사는 '지구촌'이 아니라 0.5평일망정 자신만의 공간이 있다면 어느 곳이든 연결할 수 있는 '지구방'의 시대가 될 것이라고 말했다. 인터넷으로 연결만 하면 방이 곧 일터요 시장이요 도서관이 된다고 말이다. 그러나 이제는 방도 필요 없게 되었다. 스마트폰 하나만 있으면 되지. '지구폰'의 시대라고나 할까? 아무튼 무엇이든 연결되는 초연결 시대에 우리는 살고 있단다.

자크 아탈리는 『21세기 사전』에서 21세기형 신인류인 '디지털 노마드(Digital Nomad)'의 등장을 예고했다. 인터넷, 모바일 컴퓨터, 휴대용 통신 기기 등 디지털 기기를 사용하는 사람들은 시간적·공간적 제약에서 벗어나 '정착'을 거부하고 '유목'을 즐길 것이며, 21세기에는 모든 사람이 유목민

(노마드)이 될 것이라고 예언했지.

세상은 이미 디지털 노마드, 태어나자마자 디지털 기술을 사용하면서 성장한 '디지털 원주민'의 시대가 되었다. 디지털 원주민은 주어진 자료를 내려받기만 하는 다운로드 세대가 아니라 스마트 기기에서 끌어온 온갖 정보를 다양한 방식으로 조합하여 새로운 정보로 변화해 웹에 올리는 업로드 세대란다. 그들이 생산하는 지식은 개인이 필요한 무엇인가를 만들어 내는 것이므로 '브리콜라주(bricolage)적 지식'이라고 부른다.

엄마 아빠는 스마트폰 하나로 인류가 생산한 모든 지식이나 상품에 접근하고 있단다. 종이에 놓여 있는 정보를 스마트폰으로 인식하기만 하면 바로 디지털 데이터로 전환해서 보관할 수 있을 뿐만 아니라 그것을 음성화하여 듣는 일도 가능해졌다. 게다가 정보는 빛의 속도로 날아다닌다. 전세계에서 벌어지는 일에 즉각적인 코멘트가 넘쳐나는 블로그나 트위터에는 모든 정보가 서로 교차되어 새로운 정보를 생산해 내지. 이제 개인은 새로운 사건이 발생할 때마다 자신의 생각을 즉각 글로 써 낼 수 있어야 한단다. 문화적 통찰력을 보여 주는 '대낮의 글쓰기'를 잘할 수 있어야 하지.

인류가 지식을 쌓아 온 방식을 '황혼의 글쓰기'라고 하는 데 반해 오늘날 '모든 사안이 발생할 때마다 그에 대한 자신의 생각을 글로 써내는 것'을 '대낮의 글쓰기'라고 한다.

초연결 사회의 일원이 된 우리는 상대와 '쓰기'로 소통한다. 메일, 블로그, 트위터, 페이스북 등에 무엇이든 써야만 자신의 존재를 확인할 수 있지. 요즘은 유튜브에 영상을 올리면 주목을 끌 확률이 높단다. 읽기와 쓰기는 원래부터 서로 겉도는 것이 아니라 항상 순환될 수 있도록 연결되어 있었다. 조선 시대에 과거 시험에 합격하려면 글쓰기를 잘해야 했다. 그래서 사대부들은 글을 잘 쓰기 위해서 무조건 많이 읽었지. 그러다가 대중 저널리즘이 등장하자 이런 구조가 무너졌다. 기술 복제가 가능해지면서 소수가 쓰고 다수가 읽는 구조가 일반화되었고, 쓰기와 읽기 사이에 문화적 단절이 생기기 시작한 거지.

'읽기'와 '쓰기'의 연동이 다시 힘을 받기 시작한 것은 웹이 등장한 다음부터야. 블로그, 트위터, 페이스북 등 소셜 미디어가 등장하고 스마트폰이 나오면서 누구나 글을 쓰는 시대가 되었지. 이제 개인은 쓰고, 검색하고, 엮고, 형태를 갖추고, 나눠 주고, 받고, 읽는 행위를 웹이나 스마트폰을 통해 일상화하고 있다. 성공한 기업들은 자사의 플랫폼에다 새로운 프로슈머인 업로드 세대에게 광범위한 자료를 제공해서 그들이 그 자료를 활용해 생산한 텍스트로 다른 사람들과 자연스럽게 접속할 수 있는, 즉 사용자 중심의 문화가 창출되는 공간을 제공하고 있지. 개인이 창조한 콘텐츠가 핵심 콘텐츠로 연결되기를 바라는 업로드 세대의 읽기 방식과 창조 경험을 중시하는 플랫폼들은 검색이 활발하게 이루어지는 콘텐츠를 다량 확보해 왔단다.

이제는 지식을 많이 기억하는 사람이 승자가 되는 세상이 아니야. 자신이 동원할 수 있는 모든 정보를 연결하여 자신만의 지식을 만드는 능력이 필요하지. 할아버지는 네가 자라면서 그런 능력부터 갖추기를 바란다. 그리고 언젠가는 스마트폰 하나만 들고 여행을 떠나 보렴.

상상력을
키우는 놀이

　EBS 다큐멘터리 「아이의 사생활 1부─남과 여」에 나온 한 실험에서 흥미로운 사실을 알았단다. 아이와 엄마가 함께 놀이를 하다가 엄마가 손을 다쳐서 아픈 시늉을 하면 딸들은 금세 엄마의 아픔을 공감하고 눈물을 뚝뚝 흘리는 반면에 아들들은 피가 나는 손가락을 들이밀어도 반응이 없었다고 해.

　학습된 것도 아닌데 왜 이런 차이가 날까? 대답은 '뇌'에 있다는구나. 여성은 공감형 뇌에 가깝고 남성은 체계화형 뇌에 가깝다고 해. 공감은 상대의 마음을 이해하는 것이고, 체계화는 사물이나 사건의 구조와 시스템을 파악하는 능력을 말하지. 아마도 네가 같은 상황에 처한다면 "아야!" 하는 엄마를 멀뚱멀뚱 바라볼 가능성이 크단다. 아직 성 정체성이 확립되지 않았을 테지만 말이다.

너도 자라면서 차차 자신이 남자라고 인지를 하게 될 것이다. 무엇에 집중을 하다 보면 엄마가 아무리 불러도 잘 듣지 못할 수도 있고, 여자 친구보다 글쓰기나 종이 오리기를 섬세하게 하지 못할 수도 있다. 그림을 그릴 때 화려하고 다채로운 색을 고르는 여자 친구들에 비해 다소 어두운 색으로 그릴 수도 있겠지.

21세기는 여성의 세기라고 말하는 이도 있다. 미국의 인류학자 헬렌 피셔는 20세기 말에 펴낸『제1의 성』에서 여성이야말로 21세기 미래 사회를 이끌어 갈 주체라고 단정적으로 말했단다. 가부장적 농경 사회에서는 집중적이고 직선적인 '계단식 사고'를 하는 남성이 유리했지만 수평적 네트워크를 강조하는 21세기의 '하이보그(hyborg, 복합형 조직)' 환경에서는 '거미집 사고'를 하는 여성이 유리하다는 것이지. 그리고 뛰어난 언어 감각과 타인의 마음을 읽는 능력, 인간관계에 대한 중시, 사회 정의에 대한 순수한 관심 등을 여성의 특성으로 보고, '거미집 사고'는 가정, 교육, 통신, 의학, 비즈니스 등 거의 모든 분야에서 특별한 능력을 발휘한다고도 말했다.

너도 주어진 모든 정보를 서로 연결해 합리적인 판단을 하는 수평적 네트워크에 적합한 '거미집 사고'를 할 수 있어야 한다. 이때 가장 중요한 것이 공감 능력이란다. 공감 능력은 인공 지능 시대에 필요한 능력이기도 하지.

할아버지는 『인공 지능 시대의 삶』에서 인공 지능 시대에 인간이 꼭 갖춰야 할 능력으로 상상력, 사회적 지능, 편집력 등을 강조했단다. 사회적 지능과 편집력은 공감 능력, 거미집 사고와 일맥상통하지. '상상력'은 독서와 관련이 있고. 즉 책을 읽어야 상상력을 키울 수 있다는 말이다. 후지하라 가즈히로는 『책을 읽는 사람만이 손에 넣는 것』에서 앞으로 신분이나 권력이나 돈에 의한 '계급 사회'가 아니라, 독서 습관이 있는 사람과 독서 습관이 없는 사람으로 양분되는 '계층 사회'가 생겨날 것이라고 말했다.

책을 읽을 때에는 혼자 읽지 말고 되도록 다른 이들과 함께 읽도록 해라. 함께 책을 읽고 토론을 하다 보면 모두가 같은 책을 다르게 읽었다는 걸 알 수 있을 거야. 이 생각의 차이가 바로 상상력이란다. 상상력은 무에서 유를 창조하는 것이 아니다. 자신이 경험한 것들을 연결해 새로운 것을 만들어가는 것이지.

그런데 책을 읽는 것 못지않게 중요한 것이 어릴 때는 잘 놀아야 한다는 것이란다. 후지하라 가즈히로는 성장 사회에서는 퍼즐형 사고와 정보 처리력이 요구되었지만, 성숙 사회에서는 레고형 사고와 '정보 편집력'이 필수적인 기량이라고 말했다. 정보 처리력은 조금이라도 빨리 정답을 찾아내는 힘을 가리키는데, 과거의 교육은 주로 '보이는 학력'이라는 정보 처리력을 키우는 것이었지. 그러나 미래 사회에서 필요한 자질은 정보 편집력이다.

후지하라 가즈히로는 정보 편집력을 확실하게 내 것으로 만들기 위해서는 예기치 못한 만남이 중요하며, 그것을 일상적으로 체험할 수 있는 것이 바로 '놀이'라고 했단다. 놀이를 통해 문제에 부닥쳤을 때 그 문제를 어떻게 극복할 것인지, 이런 위기 상황을 어떻게 모면할 것인지 고민하게 된다면서 말이야. 그렇게 그때그때 일어나는 복잡한 상황에서 다양한 정보를 수용하고 판단하다 보면 자신도 모르게 정보 편집력이 키워지고, 이런 과정을 통해 자연스럽게 일상에서 부닥치는 문제를 해결하는 능력 또한 키울 수 있다며 놀이의 중요성을 강조했어. 여기에 덧붙여 아이가 열 살까지 얼마나 실컷 놀았느냐에 따라 아이의 상상력이 좌우된다는 사실을 절대 잊지 말라고 말했지.

책을 읽는 것도 놀이처럼 해야 한다. 자신만의 견고한 세계를 벗어나야 타인의 입장에서 생각해 보고, 위에서 아래를 내다보며 다양한 시각을 가질 수 있다. 상상력이 있어야 공감 능력을 키울 수 있다. 엄마 아빠와 함께 책을 읽고 토론하고 마음껏 뛰어놀면서 상상력을 키우도록 하렴. 아마 엄마 아빠는 이미 그런 계획을 잔뜩 세워 놓았을지 모르겠구나.

3부

네 손을 꼭 쥔 채로

글은 '나'를
표현하는 도구

아이를 기르다 보면 아이의 변 때문에 울고 웃는 경험이 생기기 마련이란다. 엄마 아빠도 마찬가지일 테지. 그런데 아빠는 네가 변을 보면 기특해한다는데 엄마는 괜히 너에게 미안한 마음이 든다더구나.

엄마는 너를 낳기 전에는 모유 수유를 하지 않겠다고 작정했었다는구나. 엄마가 행복해야 아이도 행복하게 기를 수 있다는 생각에 육체적으로 힘든 모유 수유를 포기하는 대신 다른 부분을 더 채워 주겠다고 다짐했었단다. 그러나 모유

야말로 엄마가 아기에게 줄 수 있는 최고의 선물이라는 말에도 흔들리지 않던 신념은 산후조리원에서 와르르 무너지고 말았단다.

산후조리원에서 모유 수유를 해 보니 경이로운 느낌도 들고 그 나름대로 편한 점도 있어서 모유 수유를 계속하게 됐다는구나. 그렇지만 모유 수유는 24시간 아이가 원할 때 수시로 젖을 물려야 하다 보니 육체적으로 너무 힘들어 분유 수유를 병행했단다.

그런데 모유를 많이 먹은 날은 변 색깔이 초록빛을 띠는데 분유를 많이 먹은 날은 황금색을 띨 때가 많더란다. 그때마다 엄마는 너에게 미안했다고 한다. 모유 수유가 모성을 나타내는 지표가 되는 것도 아닌데 자꾸 죄책감이 들더란다. 기저귀를 갈면서 아빠는 너에게 감탄하고 무한한 사랑을 느끼는데 엄마는 괜스레 미안했다니, 네가 변을 본 것을 두고도 아빠와 엄마는 서로 느낌이 달랐던 모양이다.

오늘날 초연결 사회를 사는 인간은 모두 글로 연결되어 있단다. 사람들은 소셜 미디어에 오른 글을 보고 그 사람을 판단한다. 한 번도 만난 적이 없는데 말이다. 물론 타인을 이해하려면 그 사람의 글부터 읽는 것이 가장 빠른 방법이기는 하다. 글은 한 사람의 본성과 능력을 가늠할 수 있는 잣대이기도 하단다.

할아버지는 20대 중반에 화려체 문장을 잘 쓰는 사람들은 말년이 좋지 않았다는 이야기를 듣고 깜짝 놀란 적이 있단다. 평생을 문장을 다루는 일을 해 오신 한 선생님이 고생 끝에 한국 근현대사를 최초로 정리한 책을 펴낸 역사학자에게 책을 쓰느라 진이 빠져서인지 요즘의 글은 좀 건조하니 쉬면서 재충전하시라고 조언하는 자리에서 나온 이야기란다. 그때 김부식, 송강 정철, 이인직 등을 예로 드셨단다.

선생님은 당시 최고 인기를 누리던 소설가가 말년에 권력에 빌붙어 이상한 짓을 할 것이라고 말씀하셨는데 나중에 보니 그 예측이 들어맞더구나. 누구나 이름만 대면 아는 그 소설가는 나이가 들더니 권력자에게 붙어 잘못된 길을 갔단다. 지금은 독자들이 그 사람의 소설을 별로 읽지 않더구나.

할아버지는 참 많은 책을 읽었다. 40년 가까이 책을 읽다 보니 글은 그 사람의 정신을 반영한다는 확신을 갖게 되었고, 책을 읽으면서 그 사람의 성격이나 미래를 가늠해 보는 버릇이 생겼단다. 겉만 화려한 문장을 쓰는 사람들은 꼭 안 좋은 모습을 보이더구나. 특히 괄호 안에다 자기 생각을 집어 넣고 젠체하던 사람들은 결국 그 오만함을 스스로 이기지 못하고 말년을 추하게 보냈단다. 글의 오만함이란 이렇게 무서운 법이란다.

요즘은 누구나 글을 쓰는 시대다. 소셜 미디어에서 좋은 글을 쓰면 하루아침에 큰 인기를 끌 수도 있고, 자신의 가치를 높일 수도 있지. 너도 자라면서 글을 쓰게 될 날이 있을 거야. 우선은 일기부터 쓰도록 하렴. 그날 있었던 일 중에서 가장 기억에 남는 일부터 정리한 다음 반드시 네 생각을 솔직하게 붙여라. 그런 일이 장차는 너를 행복하게 만들 것이라 믿는다.

세상을
바꾸는 힘

　이제 잠투정이 덜해서 침대를 안방으로 옮겼다는 얘기를 들었다. 얼마 전까지만 해도 엄마는 잠결에 작은 소리만 들려도 깨서 너를 들여다보고는 투정을 부리면 얼른 안아 주곤 했다는구나. 그러다 보니 육체적으로 너무 힘들어서 아빠가 너를 데리고 잤단다. 아빠는 네가 밤에 잠도 잘 자고 전혀 찡얼거리지도 않더라고 했는데, 그럴 리가 없다고 생각한 엄마가 하루는 네가 보채는 소리에 잠이 깨서 들여다보니 너는 두 눈을 뜬 채 버둥거리고, 아빠는 팔자 좋게 늘어져 자고 있더란다. 그렇게 세상모르고 자고 있었으니 너도 잘 잔다고 착각을 했던 거지. 그날 엄마가 밤에 너한테 무슨 일이라도 생기면 어쩔 거냐며 다시 너를 데리고 자겠다고 하자 아빠는 이제껏 큰일이 난 적이 있냐고 했단다.

엄마와 아빠는 육아 문제로 의견 차이가 있는 모양이더구나. 하루의 총량을 정해 두고 수유하는 엄마와 달리 아빠는 애가 무슨 로봇이냐며 많이 먹는 날도 있고 적게 먹는 날도 있다며 수유 패턴을 보란 듯이 무시하곤 했단다. 그뿐만이 아니라 멀쩡한 체온계를 놔두고 오른쪽 손바닥은 아빠 이마에, 왼쪽 손바닥은 네 이마에 대고 체온을 재기도 했단다. 그러니 엄마와 종종 부딪칠 수밖에.

가장 크게 부딪칠 때는 네가 울 때란다. 엄마는 울면 안아서 달래 주어야 한다는 주의고, 아빠는 스스로 그칠 때까지 그냥 울게 놔두라는 주의라더구나. 엄마는 작은 몸으로 우는 게 얼마나 힘들겠냐며 굳이 울음이라는 부정적인 감정을 오래 느끼게 할 필요는 없다고 주장하는 데 반해 아빠는 울 때마다 안아 주면 버릇이 되어 울지 않아도 될 일에도 울게 될 것이라고, 그리고 울다가 스스로 그칠 줄도 알아야 한다고 주장했단다. 엄마는 아빠의 말이 잘 이해되지 않았다고 하더구나. 아빠보다 훨씬 많은 시간을 너와 함께 지내니 당연히 아빠보다 너를 더 잘 안다고 자신했겠지.

그런데 육아서『삐뽀삐뽀 119 소아과』에는 아이가 보채거나 울 때 바로 안아 주지 말고 스스로 그칠 때까지 기다리는 것이 바람직하다고 되어 있단다. 울자마자 안아 주거나 그친 뒤에도 계속 안고 있으면 아이에게 울면 엄마가 안아 준다는 것을 가르치는 것이나 마찬가지라는 것이지. 그리고 떼를 써도 안 되는 것은 안 된다는 것을 명확하게 알려 줄 필요가 있다고 조언한다. 엄마는 너를 가장 잘 안다고 자부한 것부터가 잘못이었다는 것을 깨달았다고 하는구나. 아이를 믿기 위해서는 아이가 믿음을 줄 때까지 기다릴 줄도 알아야 한다는 것도 배웠단다.

엄마 아빠가 아이를 키우는 일이 처음이라 무척 고생하고 있듯이 너도 앞으로 자라면서 많은 고생을 겪게 될 거야. 네가 살아가는 세상은 아무도 경험해 보지 않은 세상이란다. 그러니 엄마 아빠도 할아버지도 네가 어떤 세상을 살아가게 될지 모르지. 다만 인공 지능이 인간의 일을 대신할 것이라는 예측만 할 뿐이다.

할아버지가 살아온 고성장 시대에는 일만 열심히 하면 먹고살 수 있었다. 집집마다 TV와 에어컨, 자가용 등 내구 소비재를 갖추게 되면서 부유함의 정도는 달라도 비슷한 수준의 생활을 영위할 수 있었다. 중산층이 늘어나고 극빈자가 줄어들어 빈부 격차가 그렇게 크지도 않았지. 그러나 외환위기, 카드 대란, 글로벌 금융 위기 등을 겪으면서 비정규직 노동자가 늘어나고 빈곤율이 상승하기 시작했단다. 대학을 졸업하고도 학자금 융자를 갚느라 허덕이면서, 비정규직 노동자로서 저임금의 불안정한 직장에 다니는 젊은이들이 급격히 증가했지.

요즘의 젊은 세대를 '이케아 세대'라고 표현한단다. 1978년을 전후로 태어난 이들은 교육 수준이 높고 스펙도 훌륭할 뿐만 아니라 해외여행이나 어학연수, 유학 등을 경험해 외국 문화에 익숙하고 높은 안목을 지녔지만 저렴한 몸값과 고용 불안으로 인해 미래를 계획할 수 없는 지경에 놓여 있다. 한편 공평한 사회에 대한 기대가 무너지고 부의 대물림이 심해지자 '금수저·흙수저 논쟁'이 벌어지기 시작했단다. 노력하는 만큼 희망이 있던 시대가 완전히 저문 사회가 되자 젊은이들은 '소확행(작지만 확실한 행복)'을 유일한 희망으로 여기며 살아간단다.

과거에는 그래도 가족과 회사가 그 나름대로 사회의 안전망이 되어 주었다. 하지만 지금은 그것마저도 사라졌다. 미래를 가늠할 수 없는 총체적인 불안에 시달리는 개인은 이제 벌판에 홀로 서 있는 신세란다. 차가운 세상에서 살아가는 사람들이 기대하는 것은 따뜻함이란다. 성냥팔이 소녀의 성냥불 하나가 많은 사람을 살릴 수도 있지. 엘리트 지식인들이 일방적으로 떠드는 관념적인 이야기는 전혀 먹혀들지 않는다. 함께 만들어 낸 따뜻한 이야기가 던져 주는 '공감'의 중요성이 커지고 있단다. 희망이 아주 없는 것은 아니야. 혈연, 지연, 학연 등의 관계를 뛰어넘는 사람들이 함께 모여 이룩한 새로운 공동체가 세상을 바꿀 수 있다는 실낱같은 희망을 제시하기 시작했단다.

엄마 아빠가 더는 아이를 낳지 않을 수도 있으니 너는 혼자서 세상을 이겨 나가야 한다. 우선 혼자 울다가 그치는 법부터 배워야겠지. 그리고 자라서는 타인의 아픔을 함께하는 마음과 아픈 상대를 품에 안고 온도를 맞추려는 자세를 갖춰야 한다. 내 가족만 생각하는 것이 아니라 세상을 바꾸기 위해서 누구와도 연대하겠다는 노력은 매우 중요하단다. 할아버지는 세상을 바꾸어 나가겠다는 뜻만 맞는다면 '악마'

와도 손을 잡겠다고 말해 왔다. 이런 작은 노력들이 모여야 우리 사회가 근원적으로 바뀔 수 있다. 물론 쉬운 일은 아니지. 하지만 우리가 반드시 걸어가야만 하는 길이란다.

지식의 '습득'보다
지식의 '편집'

백일도 되지 않은 네가 "엄마"라고 했다며 엄마가 무척 기뻐하더구나. 귀가 번쩍 뜨이는 느낌이었단다. "나보고 엄마라니! 세상에! 그 순간은 심장이 철컹하면서도 온몸의 피가 막 뚜껑을 딴 사이다처럼 퐁퐁퐁 소리를 내는 것 같았어요. 한이가 저와 눈을 마주치고 웃어 줄 때와는 또 다른 기쁨이었어요."라는 편지를 읽고 할아버지도 눈이 확 뜨이더구나.

엄마는 평소에 너에게 "엄마가 도와줄게.", "엄마랑 같이 노래 들을까?", "엄마가 안아서 재워 줄게." 하면서 '엄마'

라는 말을 입에 달고 다니다시피 했는데 네 입에서 나온 '엄마' 소리는 말할 수 없는 기쁨이었다고 한다.

사람들은 관계 속에서 자아를 정립해 나간다. 엄마의 자아는 네가 태어난 이후에 새로운 역할을 얻었고, 이전과는 다른 '존재'가 되었단다. 네가 '엄마'라고 불러 준 다음에야 비로소 진정한 엄마가 된 것이지.

너는 앞으로 '엄마' '아빠'를 시작으로 너만의 단어를 하나하나 쌓아 가며 살아가게 되겠지. '엄마'와 '아빠'라는 단어를 더해서 '가족'을 만들고, 그 단어가 '이웃'이 되고 '친구'가 되고 나아가 '꿈'과 '인생'이 되겠지. 짧고 정체된 명사형 단어는 차츰 동사로 바뀔 것이고, 동사를 반복하다 지루해지면 사이사이에 수식어를 채워 넣기 시작할 것이다. 세상에는 셀 수 없을 만큼 많은 단어가 있다. 그중에는 우리가 한 번도 발음해 보지 못하는 것도 많아. 그 무한한 단어들 중에서 네 삶에 들어온 단어들은 너의 세상을 열어 주는 열쇠가 될 거야.

인공 지능이라는 비서가 단순한 일을 모두 처리해 주는 세상에서는 자신의 생각이나 판단이 무엇보다 중요하다. 과거에는 정답을 맞히기만 하다 보니 자신의 생각이 필요 없었다. 그러나 검색만 하면 정답이 1초 안에 나오는 요즘 세상에서는 그 정답보다 자신이 어떻게 생각하느냐가 중요하단다. 앞으로 살아가면서 너는 "당신은 어떻게 생각하십니까?"라는 질문을 무수히 받게 될 거야. 그때 네가 배우고 익힌 것, 경험 등을 모두 동원해 생각을 정리한 다음 너만의 생각을 표현할 수 있어야 한다.

그러려면 반드시 자신의 의견을 갖고 있어야 해. 어느 경우에도 자신의 생각을 잘 정리해서 명확하게 표현할 수 있어야 한다. 그래야만 어떤 사람과도 주체적으로 관계를 맺을 수 있단다. 그래서 할아버지는 네가 책을 읽고 나면 반드시 자신의 생각을 정리해서 글로 써 보기를 권한다. 그리고 너의 생각을 엄마 아빠나 친구에게 이야기하는 습관을 들였으면 한다.

인공 지능의 발달은 엄청난 속도와 높은 수준으로 진행될 것이다. 과거에 인간이 머리로만 사고할 수 있던 범위의 일도 인공 지능이 하게 되겠지. 그러나 인공 지능은 인간이 심어 놓은 알고리즘에 따라 사고할 뿐이야. 쉽게 말하면 인간이 지시한 것을 실행할 뿐이지. 돌발 상황이 생겼을 때 인공 지능은 창의적인 사고를 할 수 없단다. 그러니 인공 지능으로 대체할 수 없는, 인간만이 할 수 있는 창의적인 사고력을 갖춰야만 한다. 인간만이 둘 수 있는 창의적인 신의 한 수로 알파고를 이겼던 이세돌처럼 말이다.

지금은 인공 지능의 소용돌이가 한 번 치면 기존의 프레임이 완전히 무너지는 시대다. 인간은 그때마다 새로운 발상으로 새로운 세상을 살아가야 한다. 그런 세상을 제대로 살아가기 위해서는 스스로 학습하는 능력부터 키워야 해. 명백한 정답이 도출되더라도 그것이 답이 아닐 수도 있다는 상상을 할 수 있어야 하지. 미래 사회에서는 학력보다는 학습력이 중요해질 거야. 그러니 '자기 주도 학습 능력'이라고 하는 학습력부터 키우려무나.

네가 학교에 다닐 때쯤이면 모든 것을 알고 있는 교사가 아무것도 모르는 학생을 가르치는 '티칭'은 사라지고 없을 거야. 검색을 하면 정답을 알 수 있는 세상에서 티칭이 살아남을 리가 없지. 구글북스와 같은 인공 지능을 비서로 두고 자발적인 학습을 해 나가면서 선생님에게 질문을 던지면 선생님은 '코치' 혹은 '프로듀서'처럼 역으로 질문을 던질 것이다. 그런 질문에 능동적으로 대답할 수 있는 능력을 키워야 한단다.

결국 너는 스마트폰 하나로 인류가 지금까지 생산한 모든 정보에 언제 어디서든 자유롭게 접근할 수 있는 유비쿼터스 세상을 살게 될 것이다. 이른바 호모스마트쿠스가 스마트폰만 있으면 언제 어디서 무엇이든 마음껏 즐길 수 있는 세상이 되었단다. 그렇다고 도낏자루가 썩지 않는 것은 아니란다. 도끼가 아무리 날이 날카롭다 해도 자신만의 도낏자루는 마련해야 한다. 그 도낏자루는 지식이나 정보를 얼마나 많이 아느냐가 아니라 검색으로 자유롭게 확보할 수 있는 지식들을 연결해서 자신만의 지식을 만드는 일이란다. 정답이 없는 질문을 무수하게 던질 수 있는 능력 말이다. 지식의 '습득'보다는 지식의 '편집'을 통한 '활용'이 더욱 중요해진 세상을 제대로 살아가려면 필요할 때마다 새로운 도낏자루를 마련할 수 있는 능력을 갖춰야 한단다.

이런 능력을 키우는 가장 좋은 방법은 책을 함께 읽는 것이다. 함께 책을 읽으며 토론하면서 생각의 차이를 확인하는 일이 매우 중요해졌지. 그런 경험을 통해 글을 써 보고 그렇게 확보된 텍스트에 대한 이야기, 즉 콘텍스트를 만들어 내는 것이 일상화되어야 한다. 그런 능력을 갖춘 사람들만이 미래 사회에서 도태되지 않는단다.

꿈을 키우는
상상력의 저수지

  할아버지는 네 아빠와 이모를 보면 참으로 대견하다는 생각이 든다. 두 사람은 세상의 주류에 휩쓸려 가기보다는 스스로 물줄기를 바꾸려고 노력하면서 꿈을 이루었단다. 아빠와 이모가 어떻게 살아왔는지 네가 크면 자연히 알게 되겠지만, 자신의 삶을 스스로 개척해 온 아빠와 이모의 삶은 너에게 많은 가르침을 줄 거야.

  세상에는 이런저런 기준을 내세워 사람을 판단하는 잣대가 있단다. 하지만 너는 세상의 잣대에 휩쓸리지 말거라. 아빠와 이모가 그랬듯이 말이다. 학력, 점수, 재산, 그런 것들은 사실 아무 의미가 없단다.

할아버지는 네가 좋은 직장을 구하기보다는 진정으로 바라는 삶을 살기를 바란다. 학력보다는 학습력을 바탕으로 개인 능력을 쌓고, 집안 환경보다는 흥미롭고 방대한 지식을 배경 삼아 즐기며 살아갔으면 한다. 그리고 무엇보다 네가 아무도 가지 않은 길을 개척하며 나아가기를 바란다. 길이 나 있지 않은 산길을 누군가가 걸어가면 다음 사람이 뒤따르고, 이어서 수많은 사람이 걸어가면 새로운 길이 되겠지. 너는 그렇게 새로운 길을 개척하는 사람이 되어라.

할아버지는 환갑을 맞이하고 나서야 인생다운 인생을 살아야겠다는 생각을 했다. 돌이켜 보니 한 번도 인생다운 인생을 살아 본 적이 없었기에 이대로 살다 죽으면 정말 후회가 되겠다는 생각이 들었단다.

할아버지는 1982년에 출판계에 발을 들여놓았다. 처음 1년은 편집자로 일했지.『농민문학론』과『신동엽, 그의 삶과 문학』이 첫 기획서였는데, 할아버지가 농사꾼의 자식이고 가장 좋아하는 시인이 신동엽 시인이라 꼭 만들고 싶은 책이었단다. 두 책을 펴내 놓고는 이듬해 창작과비평사로 옮겨 만 15년 동안 영업자로 일했다. 그게 인생의 1막이란다.

1980년대에는 군부 독재와 투쟁하느라 무척 고생했었다. 출판사 등록마저 취소되는 시련을 겪기도 했지. 1990년대가 되니 세상이 바뀌더구나. 베를린 장벽이 무너지면서 현실 사회주의가 붕괴되었고, 해외여행이 자유화되자 넓은 세상을 보는 사람들이 많아졌단다. 출판 시장도 활기를 띠어 새로운 관심에 부응하는 책들이 잘 팔리기 시작했지. 할아버지도 이때 책을 정말 많이 팔아 봤단다. 자기 계발 욕구를 자극하는 역사 소설『소설 동의보감』과 마이카 시대의 가족 여행 붐에 부응하고 우리 문화에 대한 자부심을 일깨운『나의 문화유산 답사기』등은 밀리언셀러가 되었지.

하지만 마냥 즐거운 것만은 아니었다. 월급이 두 배로 올라 생활이 좀 나아지긴 했지만 '상업주의의 화신'이라는 비판을 듣기도 했단다. 그러다 보니 출판 상업주의에서 살아남기 위해서는 지금까지의 나를 버리고 새로운 결심이 필요하다는 생각이 들더구나. 그래서 스스로 인생의 1막을 접었단다.

인생의 2막은 한국출판마케팅연구소를 설립하고『기획회의』를 펴내며 살아온 20년이란다. 그때 할아버지는 남이 쓴 책을 팔기보다는 내 글을 쓰고 싶다는 생각이 굴뚝같았다. 그리고 연구소를 차린 직후에 쓴 글들을 모아 펴낸『디지털과 종이책의 행복한 만남』이 백상출판문화상(현 한국출판문화상) 기획상과 한국출판연구소의 '출판 평론 특별상'을 수상하면서 출판 평론가의 길을 걷게 되었단다. 이 무렵 정말글을 많이 썼단다. 오죽하면 '엉덩이로 글을 쓴다'는 말이 나왔겠니. '한기호는 앉아만 있으면 글이 저절로 써진다'고 말하는 사람도 있었단다.

그 시절에 할아버지는 행복했다. 몸은 힘들었지만 마음만은 편했단다. 21세기에 아날로그 문명에서 디지털 문명으로 바뀌면서 출판계는 무수한 혼란을 겪었단다. 할아버지가 쓴 글들은 그런 혼란의 시기에 이정표를 제시하려고 쓴 것들인데, 그 혼란기에 어떻게 그런 글을 썼냐는 칭찬도 많이 들었단다.

2010년에는『학교도서관저널』을 창간했다. 이명박 정부가 일제고사를 만들고 특목고와 외국어고의 설립을 허용하면서 교육 시장을 황폐하게 만들자 이를 막아 보려고 만든 것이다. 일류 대학을 나오지 않아도 책을 읽고 역량만 쌓으면 행복하게 살 수 있다는 것을 알리려고 했지. 평등 사회의 구현이 할아버지의 목표였단다. 20년 동안 열심히 일한 덕분에 그 나름대로 성과가 있었다. 그런데 불현듯 이대로 살다가 죽으면 허망할 것 같다는 생각이 들었다. 환갑을 맞고 나니 더욱 그런 생각이 깊어지더구나. 그래서 60대 이후의 삶은 인생의 3막으로 만들자고 결심했단다.

능력 있는 창작자에게는 바야흐로 새로운 세상, 과거와는 완전히 다른 세계가 열리고 있다. 능력 있는 1인 크리에이터들이 잘나가는 반면 큰 조직은 모두 고초를 겪고 있지. 공중파 방송의 위기설이 나온 지 오래고, 언론사 또한 마찬가지다. 큰 기업들도 다르지 않고. 이런 시대를 주도하는 것은 큰 조직이나 경력자가 아니라 창의적인 아이디어를 가진 개인이나 작은 조직, 새로운 상상력을 발휘할 줄 아는 사람이야. 하지만 그런 사람을 수용할 만한 조직이 많지 않다. 젊은 세대의 빛나는 아이디어와 경력자의 안정감이 잘 결합되어야 하는데 그러기가 쉽지 않단다.

할아버지는 네가 안정된 회사에 들어가겠다는 생각은 처음부터 버렸으면 한다. 그 대신에 네가 진정 하고 싶은 일부터 선택하여 그 꿈을 실현하기 위해 노력하기를 바란다. 물론 그 꿈을 실현하기 위해 적절한 회사를 일시적으로 선택할 수는 있어. 하지만 회사 자체가 꿈이 되어서는 안 된다. 그리고 꿈은 자주 바뀌기도 하는 법이다.

너는 어떤 꿈이라도 실현할 수 있는 자세부터 가져라. 그리고 머릿속에 상상력의 저수지부터 채우렴. 그러기 위해서는 다양한 체험이 필요하지. 어려서부터 놀이 삼아 다양한 일을 해 보렴. 책에는 무수한 간접 체험이 담겨 있다. 그러니 책을 읽는 것도 체험의 일종이란다. 저수지에 물이 가득 차 있으면 언제 어디서든 무슨 일이나 바로 시작할 수 있다. 상상력의 저수지를 꾸준히 채워 나가도록 해라. 그러다 보면 반드시 행복한 일을 시작할 수 있을 테니까.

마음으로 연결되는
네트워크 가족

네가 친할아버지께 처음 인사를 드리고 왔다는 얘기를 들었다. 전주에 모신 친할아버지 납골함에 네 사진을 넣어 두면서 아빠는 "아버지, 저도 이제 한 아이의 아버지가 되었습니다."라고 말씀드렸다고 하더구나. 아빠가 그 말을 얼마나 소중하게 마음에 품고 있었을까 생각하니 가슴이 뭉클했단다. 나중에라도 이런 아빠의 마음을 꼭 알아주기를 바란다.

그날 전주에 가는 차 안에서 아빠가 '가족은 어느 면에서는 운명을 같이하면서도 각자 다른 삶을 살아가는 것 같다'

면서 '성인이 되어 자신의 인생을 몰고 갈 때가 되면 부모라는 이정표를 보고 따라갈 수도, 또 그 길만큼은 피해 갈 수도 있기 때문'에 '부모는 결국 자식의 이정표 같다'고 했다지. 할아버지는 네가 엄마 아빠라는 이정표를 어떻게 생각할지 궁금하구나.

일본의 작가이자 평론가인 시모주 아키코는 『가족이라는 병』에서 '당신은 가족에 대해 잘 알고 있냐'고 물었다. 곰곰 생각해 보니 할아버지는 늘 가족이라는 굴레를 벗어나고 싶어 했을 뿐 가족에 대해서, 특히 부모님에 대해서 제대로 아는 것이 하나도 없더구나. 지나간 일을 후회한들 무슨 소용 있겠냐마는 참으로 무심했다는 생각에 깊이 반성했단다.

할아버지는 한때 좋은 부모를 둔 친구들을 부러워했다. 하지만 지금은 아니다. 오히려 가난한 부모를 만난 것을 행운이라고 여긴다. 어느 누구도 부모를 선택해서 태어날 수 없다. 부모도 마찬가지지. 때로는 원하지 않는 자식을 낳기도 한다. 시모주 아키코는 가족이라는 것이 그 자체만으로 선하게 보이는 것이 이상하다고 주장하면서, 오히려 가족 안에서 개인이 경시되고 억눌려 있는 것은 아닐까 하는 질문을 던졌다. 가족이 개인을 속박하고 있다고도 본 것이지.

우리나라보다 고령화가 앞서 진행된 일본에서는 '간병 퇴직'이나 '간병 살인'이 사회적 문제로 떠오르고 있단다. 우리나라에서도 최근에 『간병 살인』이란 책이 출간되었다. 가족의 간병을 위해 어쩔 수 없이 퇴직하게 되는 간병 퇴직은 소득이 줄어들고 경력이 단절되는 등의 사회 문제를 동반하고, 간병으로 인한 스트레스로 살인까지 저지르게 되는 등 가족의 붕괴가 일어나고 있단다.

할아버지는 우리나라의 육아서를 모두 모아서 한 마디로 정리하면 "자식을 무조건 믿고 가만히 내버려 두어라!"가 될 것이라고 말해 왔다. 할아버지가 이렇게 날마다 편지를 쓰고 있지만 너에게 무엇을 강요할 생각은 없단다. 엄마 아빠는 너를 다른 집 아이와 비교해서 좀 다르다 싶으면 불안해할지 모르겠지만 할아버지는 가족이라는 틀에 넣고 무리수를 자초하지 않았으면 한단다. "누구네 자식은 어떤데 너는……"이라는 말을 꺼내는 순간 가족 관계는 크게 무너질 것이기 때문이다. 그냥 네가 자신의 의지대로 잘 성장하기를 지켜봐 주기를 바랄 뿐이다.

너도 가족을 자신의 입장에서만 살피지 말고, '개인을 존중하는 가족'의 구성원이 되어 주었으면 좋겠구나. 시모주 아키코는 가족이라는 같은 집에 살고 있는 인간도 한 사람 한 사람 개인이고, 쌍둥이라고 해도 성격도 사고방식도 다르며, 개인으로서의 자유는 헌법상에도 보장되어 있음을 들어 가족 간에도 역할이 아니라 한 사람 한 사람 서로를 인정하고 이해하는 마음을 가져야 한다고 말했다. 가족이라는 게 세상에 나와 처음 본 '타자'라는 것 말고는 아무것도 아니니 어느 '타자'건 마음을 나눈다면 가족이 될 수 있는 것 아닐까 하는 마음에 가족이라는 환상에서 벗어나 새로운 연대에 대해 생각해 볼 때가 온 것 같다고 말한 사람도 있다.

일본 영화 「앳 홈(At Home)」은 피가 한 방울도 섞이지 않았으면서도 가족을 이루고 있는 다섯 사람이 어느 한 사건을 계기로 마음이 이어지는 진짜 가족이 되어 가는 이야기다. 일본이나 우리나라의 가족은 혈연을 중시한 나머지 배타적이 되기 쉽다. 앞으로는 혈연관계가 아니더라도 마음으로 연결된 새로운 가족, 즉 네트워크 가족이 대세가 될 것이다. 그러니 모든 사람을 가족처럼 대하려는 마음가짐이 중요하단다.

서점 또는
도서관이라는
놀이터

오늘은 일본 최고의 독서가로 꼽히는 마쓰오카 세이고에 대한 이야기부터 하려고 한다. 그가 대학 4학년 때 아버지가 상당한 빚을 남겨 놓고 갑자기 돌아가셨다. 매달 대졸 초임 월급의 2.5배 정도를 갚아도 얼추 5년이 걸릴 정도의 거액이었기에 그는 '이것으로 내 인생은 끝났구나.' 하는 절망감에 빠져들었다.

여러 방안을 모색하다 그는 광고 회사에 취직했다. 딱한 사정을 들은 사장은 급여는 높게 책정할 수 없지만 커미션은 생각해 주겠다고 했지. 그런데 광고를 하나씩 따내서는 결판이 날 것 같지 않아서 고민하다 생각해 낸 것이 연관성이 있는 두 기업을 한 쌍으로 묶어 광고를 따내는 것이었다. 이 방법이 성공을 거두어 예상했던 5년보다 2년이나 빨리 빚을 갚을 수 있었다. 그리고 돈보다 더 소중한 깨달음을 얻게 되었지. 어떤 기업이나 상품은 모두 '새로운 관계의 상대를 갖고 있다'는 것이었단다.

보통 하나의 업종은 종적 관계이고, 시장은 철저히 세분화되어 있어 날개를 펼치기가 쉽지 않다. 또한 날개를 달아도 어디로 날아가면 좋을지 알기 어렵지. 기업과 상품뿐 아니라 학문과 기술도 무언가와 연결되고 싶어 하지만 좀처럼 연결되지 않는단다. 하지만 마쓰오카 세이고는 광고를 따낸 경험을 통해 이러한 현실의 이면에는 어떤 질곡이 있음을 알아챘고 그것을 타개할 방법을 찾기 시작했다. 또한 어떠한 사물이든 '의미'를 갖고 있지만 현실 사회와 경제에는 그러한 의미가 자유롭게 적용되지 못한다는 것을 느끼고, 여러모로 궁리한 끝에 어떠한 영역의 어떠한 사물에도 적합한 '의미 확장 방법'을 조금씩 형태화하기 시작했단다. 그 결과 '에디팅 프로세스(Editing Process)'라고 말할 만한 의미의 변용 과정이 언제나 다이내믹하게, 분류와 영역을 넘어서서 관련되어 있음을 밝혀냈다. 이렇게 해서 태어난 것이 '편집 공학(Editorial Engineering)'이란다.

마쓰오카 세이고의 '편집 공학'은 뇌, 미디어, 컴퓨터, 말, 몸짓, 이미지, 음악, 오락, 광고 등의 커뮤니케이션 과정에서 정보 편집이 어떻게 일어나는지를 '형식적인 정보 처리'가 아니라 '의미적인 정보 편집 과정'을 통해 연구하고, 나아가 사람들의 세계관이 커뮤니케이션을 통해 어떻게 형성되고 변화되어 가는지를 전망하는 학문이다. 그가 '편집 공학'이라는 새로운 학문을 개발할 수 있었던 것은 오로지 책을 다양하게 많이 읽었기에 가능했던 일이지.

마쓰오카 세이고는 『창조적 책읽기, 다독술이 답이다』에서 정보를 교환하는 과정에서 찰지(察知, 두루 살펴서 앎) 능력이나 세렌디피티(serendipity, 우연히 발견하는 능력)를 활용해 서로 비슷하다고 생각되는 '편집 구조의 단편'이나 편집 모델이 될 법한 것들을 탐색하면서 교환하는 '편집적 상호 작용'이 일어난다고 말했다. 특히 저자가 무엇인가를 쓰고, 편집자가 책을 만들고, 그 책이 서점에 진열되고, 독자가 책을 구입해서 읽는 과정에 공통적으로 '의미의 작용'이 흐르게 되며, 책을 만들어 내는 과정에서는 이른바 '의미의 시장'이 획립되어 있다고 했단다. 그리고 이 의미의 시장은 출판사, 인쇄소, 출판 물류 회사, 서점이라는 영역을 뛰어넘어 아이들이 왁자지껄하게 떠들 수 있는 '장소'라는 '이해의 커뮤니티'가 확립되어 있어야 제대로 작동한다면서 북 클럽 같은 독서 공동체의 복원이 필요하다고 주장했지. 그는 일본에서 공동체가 발전하지 못하는 이유로 사회적·경제적인 이유 외에 세 가지가 있다고 보았다.

첫째, 커뮤니티와 의미의 시장이 도막도막 단절되었다는 것이다. 활기 넘치는 지역 도서관이나 대형 서점이 있다 해도 의미의 시장과 연결되어 있지 않다고 지적했다.

둘째, 책은 혼자서 읽는 것이라고 단정하는 경향이 있다는 것이다. 서양에서는 어린이 교육의 중심을 '다독'과 '토의'에 두는데 일본에서는 독서 체험을 개인의 수면이나 휴식처럼 여기고 있어 '북 코뮌'이 성립하지 못한다는 것이다. 따라서 앞으로는 리터러시 교육과 함께 '공독(共讀)'의 새로운 재미를 먼저 느껴야 한다고 했다.

셋째, 책을 추천하는 구조가 발달되지 않았다는 것이다. 에도 시대에는 인연을 강조하고 취향을 공유하기 위해서 다양한 표현 문화를 추천하곤 했는데 어느 순간 그런 문화가 쇠퇴해 버렸다는 것이다.

한국 사회는 일본보다 더 심각하단다. 출판인들은 '팔리는 책'을 만드는 데에만 집중하고 있지. 교육 현실은 더 한심하다. 아이들을 하루에 16시간이나 형틀에 묶어 놓고 단순 암기만을 강요해 왔다. 알파고가 등장하는 현실에서는 단순한 지식을 암기할 필요가 없다. 할아버지는 이런 부조리한 현실을 개선하기 위해서는 '이해의 커뮤니티'라는 공간을 만들어야 한다고 생각했다. 그 장소로 학교 도서관만 한 것이 없지. 그래서 『학교도서관저널』을 창간했던 것이란다.

네가 자라면 인류가 생산한 모든 정보에 언제 어디서나 즉각 접근할 수 있는 세상이 될 거야. 이런 마당에 정보를 기억하고 보관하는 일은 전혀 장점이 되지 못한단다. 주어진 정보를 엮고 해석하여 자기만의 이야기를 만들어 내지 못하면 경쟁에서 도태될 수밖에 없다. 그런 능력은 어려서부터 다양한 책을 읽으며 함께 토론하고 상상하는 능력을 키운 사람만이 갖출 수 있단다. 할아버지가 늘 강조하는 얘기지.

할아버지는 네가 방 안에서 장난감을 가지고 노는 대신 서점이나 도서관을 찾아다니기를 바란다. 가지런히 놓여 있는 책들을 바라보는 것만으로도 많은 상상을 할 수 있을 거야. 그리고 보고 싶은 책이 있으면 언제든 말하렴. 할아버지가 아무리 어려워도 그 책들은 꼭 사 주마.

미소만으로도
위로가 되는 존재

    할아버지의 친구들이 손자 이야기를 하면서 행복해하는 모습을 볼 때마다 할아버지는 이유를 몰랐단다. 네가 태어나기 전까지는 말이다. 한 유명 사진가는 자신이 하는 일이 작업, 사색, 독서 등 세 가지였는데 손자가 태어나고서는 '손자와 놀기'가 추가되었다고 한다. 자식을 키워 보지 않았냐고 했더니 자식과 손자는 차이가 있다며, 손자는 우주를 새로 얻은 기분이라고 하더구나. 우리는 멀리 떨어져 있어서 자주 만나지 못하니 그런 기분을 온전히 느끼지는 못하지만 할아버지는 날마다 네 사진을 보고 편지를 쓰는 것만으로도 행복하다. 너는 존재 자체만으로도 할아버지에게 행복감을 안겨 주는 존재란다.

할아버지보다 너를 더 사랑하는 사람은 두말할 것도 없이 엄마 아빠겠지. 엄마는 아빠가 '전등 스위치' 같은 존재라고 했었는데 너는 '문고리'라고 하더구나. 우울증이 있던 엄마가 문밖으로 나갈 수 있도록 용기를 준 건 바로 너였단다. 그러니 너는 태어나면서 여러 사람에게 기쁨을 준 존재란다. 엄마는 너를 낳고 세상에 나와 보니 세상이 이전보다 밝고 따뜻하다는 것을 느꼈다고 한다. 무엇보다 사람들의 온화한 미소와 너의 탄생을 진심으로 축복해 주던 그 순간을 잊지 못하겠다고 하더구나.

너를 임신했을 때 엄마는 임신성 질환을 앓고 있어서 축하보다는 몸조심하라는 말만 들었다고 한다. 특히 신장 결석은 고통이 무척 심한데 너 때문에 약을 먹을 수도 없으니 그 고통을 참느라 얼마나 힘들었겠니. 자주 병원에 실려 가면서도 너를 위해서 참을 수밖에 없었단다. 그러나 네가 태어난 날부터 가족과 친지들의 따뜻한 위로와 축하를 받고서 정말 행복했다고 한다. 그리고 그동안 지레 겁먹고 상처받을까 두려워 숨어 버리곤 했던 것이 참 어리석었다는 것을 깨달았단다. 엄마는 너를 품에 안으면 이상하리만큼 가슴이 따뜻해지면서 묵직한 용기가 나더란다. 때로는 지난 삶에 대한 위안같이 느껴지기도 했단다. 참 신기한 게, 배 속에 있던 네가 세상 밖으로 나왔으니 늘어난 배 속에 그만큼 공간이 생겨 허할 법도 한데 단단한 알맹이가 들어찬 것 같더란다. 네가 지닌 따뜻한 온도 덕분일지도 모르지. 하여튼 엄마는 너를 낳고 나서 삶의 진정한 의미를 깨닫게 되었다고 한다.

네가 태어난 뒤로 할아버지는 많은 기쁨을 누리고 있지만 엄마가 너를 얻기 위해 포기한 것들을 생각하면 은근히 마음이 아프단다. 조남주의 소설 『82년생 김지영』에서 주인공 김지영은 '죽을 만큼 아프면서 아이를 낳았고, 내 생활도, 일도, 꿈도, 내 인생, 나 자신을 전부 포기하고 아이를 키웠더니 벌레가 되었다'며 자기는 이제 어떻게 해야 되냐고 절규한다. 또 남편 정대현이 잃는 것만 생각하지 말고 얻게 되는 걸 잘 생각해 보라고 말하자 자기는 '지금의 젊음도, 건강도, 직장, 동료, 친구 같은 사회적 네트워크도, 계획도, 미래도 다 잃을지 몰라서 자꾸 잃는 걸 생각하게 된다'면서

'오빠는 뭘 잃게 되냐'고 되묻기도 한다.

물론 아빠는 정대현과 같이 무심하거나 이기적인 사람이 아니니 엄마의 삶은 김지영의 삶과 많이 다를 거야. 하지만 엄마나 이모가 살아온 시대는 김지영이 사는 시대와 다를 바 없었단다. 고용 상황은 점차 악화됐고, 저출산과 자살률은 세계 1위였다. 사회 분위기가 너무도 암울하니 우울증을 겪는 젊은이들이 많아졌지. 게다가 새로운 계급 사회라고 할 정도로 불평등은 점점 더 심화됐단다. 이런 세상에서 젊은 세대가 오늘보다 나은 내일을 기대하기 어려운 건 당연한 일이었는지 모른다. 그래서 자신의 행복을 가장 중시하고, 미래를 위해 현재를 희생하기보다는 현재를 즐기려는 '욜로족'의 탄생에서 알 수 있듯이 어차피 한 번뿐인 인생, 미래의 행복보다 현재의 소소한 즐거움에 집중하자는 사람들이 늘어났단다.

엄마 아빠는 너와 함께하는 기쁨만을 이야기하지만 현실은 만만치 않단다. 앞으로 엄마 아빠는 많은 고생을 감수해야 할 거야. 물론 너도 외로운 순간이 있겠지. 그렇더라도 엄마 아빠를 많이 도와주렴. 쉽지 않겠지만 힘들 때 건네는 위로의 말 한마디가 모든 것을 해결해 주는 법이란다. 때로는 네가 활짝 웃는 얼굴만으로도 엄마 아빠는 큰 위로를 받을 것이다.

이모가 할아버지의 단점을 세 가지 꼽았는데, '책밖에 모른다, 일밖에 모른다, 정작 중요한 이야기는 술 마시고 한다'였다. 단점이라면 마땅히 고쳐야겠지만, 책밖에 모른다는 것은 단점이 아니다. 책이라도 꾸준히 읽은 것이 오늘의 할아버지를 만들었단다. 너도 항상 책을 가까이 했으면 좋겠다.

콘텐츠 메이커로
거듭나기

  엄마가 너를 안고 공원을 걷고 있는데 지나가던 한 할아버지가 요즘 아기 보기가 참 귀하다며 "애기 엄마, 상전 잘 모시고 사시오. 임금님도 건강하게 잘 크슈." 하더란다. 농담처럼 건넨 말이지만 엄마 아빠는 말 그대로 상전을 모시고 사는 셈이란다. 행차 시에는 아직 걷지 못하는 너를 품에 안아야 하고, 유모차를 밀 때도 작은 홈에 걸려 덜커덩거리지 않도록 조심해야겠지.

  엄마 아빠가 아침 7시에 시작해서 하루의 마지막 일과인

젖병 열탕 소독까지 마치고 나면 밤 10시에서 11시가 된단다. 만약 이 시간을 엄마 아빠가 온전히 자신들을 위해 쓴다면 정말 다양한 일을 할 수 있을 텐데. 그러니 너는 부모의 시간을 먹고 자라는 셈이란다.

네가 태어나기 전 엄마는 육아를 하는 친구가 음식도 제대로 못 먹고 아이를 달래는 모습을 보고 정말 힘들겠다고 생각했다는구나. 그런데 지금은 우는 아이를 보면 안쓰러운 마음이 먼저 든다고 하더구나.

엄마 아빠가 너를 돌보는 건 자신들을 위한 일이면서 때로는 자신들의 인생을 희생하는 일이기도 하다. 자식은 타인이면서 타인이 아닌 유일한 존재란다. 물론 엄마 아빠는 언제나 기꺼운 마음으로 너와 함께할 것이지만 말이다. 흔히 자식은 '품 안의 자식'이라고 한다. 너도 어느 정도 자라면 엄마 아빠 품을 떠나 세상이라는 가혹한 무대에 올라야 한단다.

너는 자라면서 유치원에도 가고 초등학교에도 입학하겠지. 그때 친구들과 열심히 뛰어놀도록 해라. 좋은 친구를 사귀는 것은 매우 중요하단다. 그런데 더 중요한 것은 항상 좋아하는 플랫폼에서 놀아야 한다는 사실이다. 할아버지는 요즘 날마다 네이버 블로그라는 플랫폼에서 너에게 편지를 쓴다. 할아버지가 쓰는 편지를 콘텐츠라고 하는데, 엄마 아빠는 이 콘텐츠를 스마트폰을 통해 읽는단다.

이처럼 요즘은 네이버나 구글 같은 플랫폼에서 스마트폰이라는 디바이스를 이용해 직접 콘텐츠를 생산해 올리기도 하고 소비하기도 한다. 네트워크에 연결된 사람들은 읽자마자 바로 자신의 생각을 댓글로 달기도 하지. 이것을 간단하게 CPND의 시대라고 말한다. 이제 우리는 C(콘텐츠), P(플랫폼), N(네트워크), D(디바이스)로 연결된 구조에서 일상을 보내고 있단다.

디지털 텍스트의 양은 하루가 다르게 폭증하고 있다. 새로운 형태의 소셜 미디어가 끊임없이 등장하면서 오로지 읽히기만을 기다리는 엄청난 양의 텍스트가 매일매일 생산되어 무료로 제공되고 있다. 독자의 입장에서는 읽을거리가 넘쳐나는 셈이지. 이제는 궁금한 것이 있으면 스마트폰으로 검색해서 텍스트를 읽기만 하면 된다. 그리고 자신이 텍스트를 생산해 올리기도 한다.

세계 최대의 플랫폼인 구글은 애초에 '구텐베르크 프로젝트'를 실현하기 위해 만든 회사란다. 구글에서는 저작권이 소멸된 저작물의 풀 텍스트를 무료로 서비스하고 있다. 구글북스는 전 세계 책을 한 장소에 모은 거대한 도서관을 꿈꾸며 인류가 생산한 모든 책을 디지털화하고 있다.

구글의 경쟁자인 아마존이 꿈꾸는 것은 '한 권의 책'이다. 인류가 생산한 모든 책을 하나로 연결한 이 책은 본문과 주석과 비평은 물론이고 심지어 댓글까지 연결된단다. 게다가 다른 모든 문화와도 연결될 것이라고 한다. '한 권의 책'은 이미지와 비디오와 오디오와 게임과 소셜 네트워크 대화를 모두 포함한다. 우리는 이 방대한 책에 자유롭게 접근하여 사용한 만큼 돈을 내면 되지.

미국은 월마트 같은 대기업들이 최저가 경쟁을 벌이면서 중국이나 아프리카에서 값싼 물건을 수입해 판매하면서 최저가 경쟁을 벌이는 탓에 제조업이 거의 망해 가고 있다. 하지만 경제 규모는 여전히 세계 1위다. 구글, 애플, 아마존, 페이스북 등의 플랫폼 기업이 선도하고 있기 때문이지. 네 기업의 첫 글자를 이어 놓으면 가파(GAPA)가 되는데, 가파가 세계 경제를 주도한다고 해서 지금은 '플랫폼의 시대'라고 한단다.

오늘날 소셜 미디어는 블로그, 페이스북, 트위터, 카카오

톡, 밴드 등으로 나날이 진화하고 있다. 동영상을 기반으로 한 유튜브, 인스타그램, 바인 등의 새로운 플랫폼이 등장하면서 할아버지가 주로 이용하는 블로그나 페이스북은 이미 낡은 미디어 취급을 받고 있단다. 텍스트의 양이나 영상의 지속 시간에 따라 이야기의 폭과 깊이가 달라지기는 하겠지만, 포맷에 맞는 새로운 콘텐츠가 진화된 형태로 꾸준히 생산되고 있다. 트위터에서 140자의 짧은 글이나 바인에서 6초의 영상으로도 메시지를 압축적으로 전달하는 능력이 중시되고 있지.

단순히 길이가 짧아지기만 하면 되는 것은 아니란다. 인간은 스마트폰으로 언제 어디서나 모든 콘텐츠에 접근하고 있다. 그 콘텐츠에는 문자뿐만 아니라 영상과 음성도 포함되지. 이 모두를 일상적으로 한꺼번에 이용하기 때문에 텍스트부터 달라져야 한다. 따라서 앞으로 개인이든 기업이든 이 모두를 아울러 제공하는 '콘텐츠 메이커'로 거듭나지 않으면 살아남기가 어렵단다.

할아버지는 '연결성'과 '공공성'이 중요하다고 말해 왔다. 과거에는 남의 책을 적당히 베껴서 할인된 가격으로 팔아서 먹고사는 출판인들이 적지 않았어. 이제는 그런 일은 꿈도

꿀 수 없게 되었지. 새로운 시각으로 공익적 가치를 가진 상품(책)을 만들지 않으면 살아남기 어렵다. 그뿐만 아니라 출판 콘텐츠가 살아남기 위해서는 플랫폼을 확보해 커뮤니티부터 만들어야 한다. 따라서 커뮤니티를 활용한 멤버십 비즈니스가 중요해지고 있단다. 할아버지가 그나마 버틸 수 있었던 것은 공공성 있는 책들을 펴내서 현장의 교사와 독서 운동가들을 연결해 멤버십 비즈니스를 추구했기 때문이다. 소수의 팬과 좀 더 밀접하게 교류할 수 있는 커뮤니티의 구축이 가능해진 만큼 전문 플랫폼 구축은 출판이 생존하기 위해서는 필수적으로 갖춰야 할 일이란다.

할아버지는 방향은 알고 있었지만 더욱 구체적이면서 확실한 플랫폼을 만들지 못했다. 게으른 탓도 있지만 젊은이들에 비해 상상력이 뒤떨어졌기 때문이지. 너는 자라면서 이 변화를 주도해 가기를 바란다. 할아버지가 방향은 충분히 설명해 줄 수 있단다. 실천을 하는 것은 네 몫이겠지. 할아버지와 네가 머리를 맞대고 논의할 날이 빨리 왔으면 좋겠구나.

인간의 근원적인
욕구에 접근하는
테마

얼마 전에 네 백일잔치를 했단다. 엄마 아빠와 할아버지는 네가 100일간 건강히 자라 준 것에 고마움을 느꼈단다. 엄마는 스마트폰을 활용한 검색 신공을 발휘해서 네 백일상을 차렸다고 하더구나. 백일상을 차려 본 선배 엄마들의 후기부터 전문 업체의 포트폴리오까지 하나하나 찾아가며 그 중에서 마음에 드는 상차림을 참고해 준비했다고 해.

우리는 스마트폰으로 검색했을 때 글만 있는 것보다 사진이 같이 있는 게시물에 더욱 믿음을 갖는다. 무엇을 소개하든 사진이 곧 증거가 되기 때문이지. 따라서 사람이든 사물이든 사건이든 한눈에 알아볼 수 있는 비주얼과 레이아웃, 사진의 효과적인 사용이 매우 중요해졌다. 스마트폰에는 이런 일을 가능하게 만드는 다양한 기능이 있지. 그러니 스마트폰이야말로 서로의 관계성을 만드는 결정적인 열쇠가 되었단다.

요즘 사람들은 유튜브 영상을 즐겨 보고 듣는다. 좋아하는 드라마는 다운로드해서 언제든 보고 싶을 때 보고, 자신이 관심이 있는 사항은 검색을 해서 필요할 때마다 들여다본다. 운전 중이거나 이동할 때에는 좋아하는 팟캐스트를 듣기도 하지. 이렇게 호모스마트쿠스는 자신이 좋아하는 것을 필요한 시간에 필요한 것만 골라 보는 것을 즐긴다. 그래서 요즘은 '유장한 산문'보다 '경박단소한 단문'이 인기를 끈다.

한 작가는 '소설가'가 아니라 '이야기꾼'이 되고 싶다고 고백한 적이 있단다. '소설가가 남들이 이해하기 힘든 자신의 상처를 고백하고 거기에서 공감을 끌어내어 보편성으로 나아가는 사람이라면, 이야기꾼은 보편성에서 시작한 완결성 있는 이야기로 독자의 개별적인 상처를 위로하고 인생에

도움이 되는 조언을 하는 사람'이라는 것이지. 사람들은 데이터베이스화된 완결성 있는 이야기 중에서도 자신이 좋아하는 부분에다 자신의 생각을 보태 소셜 미디어에 올려놓기를 좋아한다. 그리고 그 글을 읽은 사람은 글이 마음에 들면 '좋아요'나 '공감'을 누르고, 마음에 들지 않으면 관계를 끊어 버리기도 하지.

지금 세상은 삶이라는 큰 주제를 놓고 합리적인 토론을 벌이지 않는다. 큰 주제를 잘게 쪼개서 중요하다고 생각하는 것 한두 가지만을 놓고 집중적으로 떠들면서 사람들의 관심을 끌어내려고 하지. 텍스트 이상으로 중요한 것이 텍스트를 둘러싼 이야기인 콘텍스트인데 때로는 이 콘텍스트를 덮어 버리는 경우도 있다. 지금이 바로 하이콘텍스트 시대이기 때문에 벌어지는 현상이란다. 그래서 개인이 중심을 잡지 않으면 하이콘텍스트의 위력에 휩쓸릴 수밖에 없다.

블로그, 트위터, 인스타그램, 페이스북 등 소셜 미디어가 점차 증가하면서 커뮤니케이션의 계층성은 점점 강해지고 있다. 공감의 장치인 소셜 미디어에 글을 올려 즉각 '좋아요' 반응을 얻어 내려면 임팩트가 강한 주제를 짧게 제대로 이야기할 수 있어야 한단다. 한강의 소설 『채식주의자』가 맨

부커 인터내셔널상을 수상하자 엄청나게 팔려 나간 것이나 '강남역 살인 사건'을 놓고 벌인 '여성 혐오' 논쟁 이후 죽어 있던 페미니즘 관련 서적이 되살아난 것처럼 즉각적인 관심을 이끌어 낼 수 있는 기회를 잘 만들어야 하지.

하이콘텍스트가 주목을 받는 대표적인 매체가 텔레비전이란다. 내용(줄거리)을 파는 드라마에는 캐릭터가 강한 주인공이 여럿 등장한다. 형식을 파는 토크 쇼 역시 개성이 강한 출연자들이 몰려나와 기상천외한 이야기들을 털어놓으며 경쟁을 벌인다. 뉴스에서는 스포츠의 하이라이트 영상이나 연예인의 가십 기사가 즉각 검색어 순위 상위를 차지한다. 영화도 마찬가지다. 요즘 남녀 두 주인공만 등장하는 영화는 인기가 없다. 대중의 관심이 다양하니 최대한 촘촘한 '유혹의 그물망'을 쳐 놓고 최대한 많은 '고기'가 저절로 걸려들게 만든다.

출판에서 하이콘텍스트적 속성이 강한 것은 잡지다. 사람들은 자신이 좋아하는 기사 하나를 보기 위해서라도 잡지를 샀단다. 그러나 잡지의 속보성이 인터넷에 밀리면서 급격하게 추락했다. 잡지가 대단한 특종을 해 놓아도 방송 카메라가 현장에서 중계하면 잡지의 기사는 바로 관심에서 사라져

버린다. 그래서 수많은 잡지가 사라지고 있단다.

할아버지가 일하는 출판계에서도 책이 팔리지 않아 걱정이 많단다. 독자가 책을 발견하기 어려우니 팔리지 않는다고 아우성이지. 그래서 지금은 좋은 책을 내놓는 것보다 유명 유튜버가 소개해 주면 많이 팔린다고 해서 모두 그 쪽으로 쏠리고 있단다. 그래서 많은 광고비를 투입하기도 하는데, 간혹 '내돈내산'이라며 순수한 마음으로 추천하는 거라고 했다가 광고라는 게 밝혀져 한순간에 무너지는 유튜버들도 있단다.

하이콘텍스트라고 해서 무조건 성공하는 것은 아니다. 가토 사다아키는 '대중의 기호가 다양해진 현대에는 유통되는 콘텐츠 하나하나가 틈새시장이 되기 십상'이며, 팬의 수가 늘지 않으면 히트 상품이 되기 어렵다고 보았다. 이런 상황에서 '히트 콘텐츠'를 제작하려면 좀 더 많은 사람의 흥미를 끌기 위한 방법으로 우선 콘텐츠의 중심이 되는 큰 테마를 준비하고 그 주위에 무수한 콘텍스트를 덧붙여 가야 한다고 했지. 모든 콘텐츠에 이 방법론을 적용할 수는 없지만 '중심이 되는 단단한 스토리가 없다면 하이콘텍스트 콘텐츠가 히트하는 방법은 없다'고 덧붙였단다.

결론은 '큰 테마'란다. 즉각적으로 대중의 관심을 끌 수 있는 임팩트가 강한 테마를 잡아야 한다. 사람들의 관심을 끌 수 있는 테마, 인간의 근원적인 욕구에 접근하는 테마를 발굴한다면 언제든 성공할 수 있다. 돌이켜 보니 백일 사진을 찍는 동안 방싯방싯 웃던 네 모습이야말로 어쩌면 가장 임팩트 있는 테마였을지도 모르겠구나.

소중한 사람을
소홀히 하지 않기

　할아버지는 네가 태어난 지 100일이 되어서야 네가 엄마 아빠와 살고 있는 집에 처음으로 가서 하룻밤을 자고 왔단다. 방긋방긋 웃던 네 모습을 떠올리면 입가에 저절로 웃음이 번진단다. 아빠와 대화라도 나누려는 듯이 아빠의 입 모양을 따라 하려던 모습이 얼마나 귀엽던지. 네 백일을 오붓하게 지내고 나니 새삼 네가 할아버지에게도 얼마나 소중한 존재인지 절감했단다.

　엄마 아빠는 너에 대해서는 모든 것을 서로 공감하더구

나. 너의 울음소리를 듣자마자 배가 고픈 것인지, 잠이 자고 싶은 것인지, 볼일을 봐서 불편한 것인지 한눈에 알아보더구나. 할아버지는 엄마를 아직 철모르는 어린 딸로만 생각했는데 세심한 애 엄마가 되어 너를 사랑해 주는 모습을 보니 정말 기분이 좋았단다.

요즘 한동안 바빠서 너에게 편지를 쓰지 못했더니 엄마가 무슨 일이 있느냐며 걱정하더구나. 회사 일로 좀 바빠서 그렇다며 걱정하지 말라고 했더니 엄마가 너에게 쓴 편지를 보내 왔단다.

"한이를 낳기 전에 네게 편지를 종종 쓰곤 했는데 매일을 곁에서 함께한다는 핑계로 100일이 넘어서야 첫 편지를 써 보아. 엄마의 게으름을 이해해 주렴.

한이를 보며 차오르는 감정을 표현할 수 있는 말을 골라 보아. 사랑한다, 행복하다, 즐겁다, 기쁘다, 충만하다, 귀하다. 그러다 이 충만하게 넘쳐흐르는 마음을 그 어떤 단어에도 가둘 수 없음을 깨닫게 돼. 이내 마음이 눈가로 새어 나와 너무 소중한 널 눈물로 적시고 말지. 그러다 터져 나오는 말은 역시나 '감사합니다'.

정말로 이 말 외에 더 표현할 수 있을까, 감사합니다. 정확한 대상은 모르겠지만 엄마는 네 삶이 한없이 부족한 내게 왔음에 감사드리고 또 감사드려. 당연하게 누렸던 삶의 시간이 얼마나 보잘것없이 유한한가 느끼며 겸허해지고 분침의 작은 움직임에도 조바심이 나. 네가 기억하지 못한 요즘의 날들이 너무 아쉽기만 해. 왜 인간의 기억력은 한계가 있어서 지금 널 보며 한없이 행복해하는 엄마의 얼굴을 넌 기억하지 못할까. 온 힘을 다해 한이를 사랑하는 엄마의 얼굴을 본다면, 한이는 존재만으로도 이렇게 큰 사랑을 느끼게 하는 대단한 사람이라는 걸, 보잘것없던 엄마가 네게 좋은 사람이 되기 위해 요즘은 정말 열심히 노력하고 있다는 걸, 그러니까 이 모든 걸 네가 기억해 줄 수 있다면 참 좋을 텐데 하고 말이야.

한이로 인해 다시 한번 깨닫게 됐어. 역시나 사랑은 겸허함을 배우는 것이구나. 엄마의 몸 안에서 한이를 길러 밖으로 내보냈던 경험은 우리가 같이 이미 연습을 한 거라 볼 수도 있겠구나 싶어. 어차피 한이는 한이만의 인생을 찾아 떠나야 하니 말이야. 나의 역할은 오로지 한이라는 행성을 엄마가 가 보지 못한 우주의 궤도로 올려 보내는 것이니 말이야. 한이는 엄마를 밟고 한껏 도움닫기를 해서 도약해야 해. 정확한 지점에 알맞은 힘을 주어 발을 딛고 날아올라야 해. 그때 엄마에 대한 미안함이나 안쓰러움은 절대 느끼지 말았으면 해. 한번 실패하면 계속 시도하면 되니까 긴장하지 마. 어차피 산다는 건 수없는 시도와 실패로 점철된 순간들을 흘려보내는 것뿐이니까.

요즘 엄마는 고민이 많아. 한이랑 엄마랑 얼굴을 맞대고 서로 웃고 온기를 나누며 행복해하는 순간에 필요한 건 대단한 게 아닌 걸 알면서, 한이가 혼자보다는 엄마가 옆에 같이 누워 있어야 더 깊게 자는 걸 알면서, 매 순간 지금 한이가 기억하지 못할 이 아름다운 순간을 대신 기억하고 기록하고 행복과 사랑의 다양한 표현 방법을 알려 줘야 하는 걸 알면서도 정작 널 지금보다 더 나은 환경에서 기르려면 아이러니하게도 엄마와 한이가 하루의 반나절 이상씩은 떨어져 있어야 한다는 사실이야. 한이를 낳고 현실은 더 피부로 와닿고 추상적이던 돈의 개념은 차가운 현실로 다가왔으니 말이야.

성실한 아빠의 도움만으로도 큰 부족함 없이 키울 수 있겠지만 오히려 수많은 가능성을 지닌 어린 한이가 꿈을 발전시키는 데 엄마 아빠의 능력이 부족하지는 않을까라는 앞선 걱정이 들어. 그렇지만 한이야, 엄마 아빠는 한이를 위해 할 수 있는 모든 노력을 할 거야. 때로는 부족할 수도 있고 또 때로는 그게 불만으로 다가올 수도 있겠지만 한이가 환경 탓을 하지 않도록 말이야. 그러니 이 정도면 충분하다는 생각이 들 때까지 엄마는 최선을 다할게! 물론 아빠도 그러할 거야. 한이는 엄마 아빠의 큰 사랑과 헌신을 받을 자격이 있어. 한이가 50살이 되어도 60살이 되어도 엄마에게는 이 세상 유일한 아가일 테니까 말이야. 엄마가 아가를 돌보는 건 당연한 거니까.

　사랑해 나의 우주, 나의 행성, 나의 아가."

　할아버지는 엄마의 편지를 읽고 무척 부끄러웠다. 할아버지는 엄마와 이모에게 해 준 것이 없었단다. 거의 매일 술을 마시고 새벽에 들어와서는 곧바로 잠에 곯아떨어지기 일쑤였지. 영업직이라 출장도 잦았단다. 출장을 가서도 아이들은 잘 지내고 있느냐고 물어본 기억이 없구나. 할아버지는 오직 자신의 일에만 열중했단다. 그렇게 셀 수 없을 만큼 많은 책을 읽었지. 그런 경험이 있었기에 나중에 『베스트셀러

30년』을 쓸 용기를 가질 수 있었단다.

그때 할아버지에게는 살아남아야 한다는 절박감밖에 없었단다. 절대로 남에게 지지 않겠다는 각오로 휴가도 가지 않고 일만 하니 회사에서 강제로 휴가를 주더구나. 그때에도 친구 사무실로 출근해서 회사 일을 도왔단다. 때로는 잠시 일을 잊고 살 법도 한데 할아버지는 그러질 못했단다. 요즘도 할아버지는 그 버릇을 버리지 못해 고민이다. 그러나 후배나 직원들에게는 할아버지처럼 살지 말라고 충고한단다.

한 후배가 20년 다닌 직장을 그만두고 고민하기에 무조건 1년을 쉬라고 충고했단다. 왜 그러냐고 묻기에 할아버지는 15년 다닌 직장을 그만두고 1년을 쉬지 못한 것이 후회된다고 말해 주었단다. 그 후배는 할아버지 말대로 1년을 쉬고 다시 일을 시작했지. 나중에 그 후배는 그때 1년을 쉰 것이 자신의 인생에서 큰 도움이 되었다고 하더구나.

죽어라고 일만 한 사람은 할아버지처럼 평생 쫓기는 삶을 살게 된단다. 그래서 그런 삶을 살지 말라고, 퇴근 시간 이후에는 가급적 회사에 있지 말라고 충고하는 것이지. 요즘은 알아서들 잘 하고 있으니 할아버지가 따로 충고를 하지 않아도 된단다.

할아버지는 늘 후회하면서 뒤늦게 깨닫는 삶을 살아왔다. 그래서 회한이 많단다. 너는 정말 그런 삶을 살지 않기를 바란다. 무엇보다도 가장 소중한 사람에게 소홀히 하지 않는 삶을 살기를 바란다. 그리고 나중에 자라서 엄마가 너에게 쓴 이 편지는 자주 읽어 보렴. 힘들 때마다 이 편지를 읽으면 세상을 열심히 살아갈 용기가 생길 거야. 할아버지도 자주 읽어 볼 생각이란다.

편지 속 책, 영화와 드라마, 다큐멘터리

◆ 게일 포먼, 『네가 있어 준다면』, 문학동네, 2010.

◆ 김대식, 『김대식의 인간 vs 기계』, 동아시아, 2016.

◆ 로제 샤르티에 외, 『읽는다는 것의 역사』, 한국출판마케팅연구소, 2006.

◆ 마쓰오카 세이고, 『창조적 책 읽기, 다독술이 답이다』, 추수밭, 2010.

◆ 마이니치신문 간병 살인 취재반, 『간병 살인』, 시그마북스, 2018.

◆ 박경희, 『손주는 아무나 보나』, 플로베르, 2019.

◆ 박규연, 『아빠, 오늘은 뭐 하고 놀까?』, 학교도서관저널, 2018.

◆ 베로니카 로스, 『다이버전트』, 은행나무, 2013.

◆ 사카모토 세쓰오, 『2020 시니어 트렌드』, 한스미디어, 2016.

◆ 손원평, 『아몬드』, 창비, 2017.

◆ 스파이크 존즈, 「그녀(Her)」, 2014.

◆ 스펜서 존슨, 『누가 내 치즈를 옮겼을까?』, 진명출판사, 2000.

◆ 시모주 아키코, 『가족이라는 병』, 살림, 2015.

◆ 신순옥 외, 『아빠의 서재』, 북바이북, 2015.

◆ 쓰키무라 다쓰오, 「디지털 독서의 행방」, 『책과컴퓨터』 2004년 겨울 호.

◆ 우에노 치즈코, 『누구나 혼자인 시대의 죽음』, 어른의시간, 2016.

◆ 자크 아탈리, 『21세기 사전』, 랜덤하우스코리아, 1999.

◆ 재레드 다이아몬드, 『어제까지의 세계』, 김영사, 2013.

◆ 조나단 브랙클리, 「휴먼스(Humans)」, 2015.

◆ 조남주, 『82년생 김지영』, 민음사, 2016.

◆ 조슈아 쿠퍼 라모, 『제7의 감각, 초연결 지능』, 미래의창, 2017.

◆ 존 그린, 『잘못은 우리 별에 있어』, 북폴리오, 2012.

◆ 초노 히로시, 「앳 홈(At Home)」, 2014.

◆ 토머스 프리드먼, 『세계는 평평하다』, 창해, 2005.

◆ 페터 비에리, 『삶의 격』, 은행나무, 2014.

◆ 하정훈, 『삐뽀삐뽀 119 소아과』, 유니책방, 2016.

◆ 한기호, 『20대, 컨셉력에 목숨 걸어라』, 다산초당, 2009.

◆ 한기호, 『디지털 시대의 책 만들기』, 한국출판마케팅연구소, 2001.

◆ 한기호, 『인공 지능 시대의 삶』, 어른의시간, 2016.

◆ 헬렌 피셔, 『제1의 성』, 생각의나무, 2000.

◆ 후지하라 가즈히로, 『책을 읽는 사람만이 손에 넣는 것』, 비즈니스 북스, 2016.

◆ EBS, 「아이의 사생활 1부 – 남과 여」, 『EBS 다큐 프라임』, 2008.

◆ EBS, 「아이의 사생활 3부 – 자아 존중감」, 『EBS 다큐 프라임』, 2008.

네 편이 되어 줄게
— 할아버지가 엄마에게는 해 주지 못했던 말

초판 1쇄 발행 • 2021년 7월 2일

지은이 • 한기호
펴낸이 • 강일우
편집 • 서대영
디자인 • 송윤형
조판 • 이주니
펴낸곳 • (주)창비교육
등록 • 2014년 6월 20일 제2014-000183호
주소 • 04004 서울특별시 마포구 월드컵로12길 7
전화 • 1833-7247
팩스 • 영업 070-4838-4938 / 편집 02-6949-0953
홈페이지 • www.changbiedu.com
전자우편 • textbook@changbi.com

ⓒ 한기호 2021
ISBN 979-11-6570-070-6 03810